# 定 慧 发 微

## ——收藏与品评

俞恭定 著

苏州大学出版社

**图书在版编目(CIP)数据**

定慧发微：收藏与品评 / 俞恭定著. —苏州：苏州大学出版社,2012.10(2018.1重印)
ISBN 978-7-5672-0315-0

Ⅰ. ①定… Ⅱ. ①俞… Ⅲ. ①私人收藏－基本知识 Ⅳ. ①G894

中国版本图书馆 CIP 数据核字(2012)第 241415 号

## 定慧发微——收藏与品评

俞恭定 著

责任编辑 金振华

苏州大学出版社出版发行
(地址：苏州市十梓街1号 邮编：215006)
苏州恒久印务有限公司印装
(地址：苏州市友新路28号东侧 邮编：215128)

开本 787 mm×1 092 mm 1/16 印张 17 字数 296 千
2012 年 10 月第 1 版 2018 年 1 月第 4 次修订印刷
ISBN 978-7-5672-0315-0 定价：80.00 元

苏州大学版图书若有印装错误，本社负责调换
苏州大学出版社营销部 电话：0512－65225020
苏州大学出版社网址 http://www.sudapress.com

# 序

　　俞恭定先生1956年8月出生于上海。他曾下过乡、参过军,从部队转业后,在银行工作二十余年,期间在西南财经大学深造,获法学学士学位。丰富多彩的社会阅历与人生经验,兴趣广泛的生活表现与勤学善思的个性特点,使他有了多方面的艺术修养及积淀,深埋内心的文化种子渐渐萌发,于是步入收藏领域。他从一无所知到初尝甜头,从茫然无绪到颇有心得,从初浅爱好到深度追寻,从内心喜悦到触类旁通,在收藏的路上走了十个年头,收藏的品类不断丰富,涉及的面日渐广泛。

　　俞先生是位有心人,他不是把宝物收藏起来,孤芳自赏,也不是一味地追求保值升值,而是把收藏当做一项文化的传承与知识的传播工作,即便是别人的藏品、博物馆的藏品、展示会上的藏品以及书本上的藏品,即便是眼前低廉的东西,或是不被人看好的东西,只要他认为有艺术水准和审美情趣,均视为学习与鉴赏的范本,将其收藏于心中。近年来,他大量阅读了有关书籍,与藏友深入探讨研究,提高对藏品理解的深度,增加对艺术赏析的层次,于是有了许多感悟。他将这些感悟一一整理成文,花了许多精力和时间,一篇短文往往反复推敲,数易其稿,终于有了这本《定慧发微——收藏与品评》一书。

　　苏州有个寺院叫定慧寺。"定慧"一词是佛教用语,是说禅定和智慧,这两个字首先要求凝神息虑,静下心来,然后充分运用智慧去鉴别分析,这正好与收藏鉴赏的基本要求暗合,于是我替俞先生的书题名为《定慧发微》,"发微"是阐发隐微的深义。俞先生非常诚恳地要我看看他的书稿,我很高兴作为该书的第一个读者,也深为他的刻苦勤奋所感动。相信此书不仅可与藏友们交流心得,更可为初入门者提供宝贵的经验。

　　俞先生要我为这本书写个序,尽管我是收藏的门外汉,但我还是很高兴地写下了以上这些话。

杨镜如

壬辰年秋日于笔耕庐

# 目 录

## 辑 一

收藏历史——访《苏州府学志》作者杨镜如先生 /3

在惋惜中受益——观黄胄《六驴图》随想 /7

艺术长青——钱君匋的多才多艺 /10

一笔字的境界——读星云大师《一笔字的因缘》一文有感 /13

粉画巨子——杭鸣时的杰出贡献 /16

意志成就艺术——余克危的艺术成就 /20

承前启后——张继馨、潘裕钰的花鸟画册页 /24

红叶情结——探寻《天平秋色》的意境 /33

妙笔生辉——江南猫王汪传馥 /37

多彩实践　灵感流溢——周燕华的绘画艺术 /40

漫画的表现力——《漫画丛书》谈 /44

纸上的回忆——闲谈书法爱好与鉴赏 /48

追梦人——激情四溢的中国陶艺大师徐安碧 /52

融入瓷艺——杨丽华与青花瓷艺 /56

承古拓今——陈巧生与宣德炉 /59

古为今用　推陈出新——蒋喜先生印象 /63

古拙雄浑　意趣高远——柴艺扬与《访师图》 /67

真情实意——一次不同寻常的相聚 /70

勤奋出硕果——陆华春的摄影艺术 /73

作品要有创意——观作品《战国简竹》有感　/76
风景这边独好——赏庞彦德树叶画　/78
创业成就事业——记石海轩主人侯孝海　/80

## 辑　二

创意与雕技——翡翠摆件的品位　/85
聚焦点——从30万玉镯摔碎而引发的思考　/89
闲话《虚位以待》——碧玉笔筒的收藏　/91
寓意吉祥——岫玉摆件惹人爱　/93
象形麒麟——巧遇象形孔雀石　/96
天蓝之宝——绿松石《母子情深》　/99
收藏新宠——风情万种话碧玺　/101
机不可失——一件来之不易的水晶《元宝》　/104
天灵中的圣水——神奇的水胆水晶　/106
章料的选择——章料收藏趣谈　/108
不经意的转变——不可忽略的高雅艺术　/111
走近南红——南红收藏正当时　/113
友情——老邵引导我收藏鸡血石　/116
石画——天然大理石的收藏　/119
美砚——红丝砚的收藏　/122
天然成趣——战国红玛瑙收藏琐记　/125
相石——黄腊石《珊瑚》《狮子》一得　/128
石道——话说太湖石　/131

# 目录

  美在自然——从硅化木到树化玉　/134

  天然盆景——意趣高雅的九龙璧　/136

  闲话金砖——金砖的收藏　/139

## 辑三

  美的化身——老山檀香《观音》的艺术造型　/145

  夙愿——给自己设计一套明式家具　/148

  回味——作品《韩熙载夜宴图》观感　/152

  紫檀笔筒——《四乐图》《西园雅集》作品赏析　/155

  小器大雅——永不褪色的苏作小器　/158

  老料新做——官皮箱的收藏　/162

  变幻莫测的瘿木——花梨瘿器物的收藏　/165

  趣闻——海南黄花梨的诱惑　/167

  根雕的魅力——形神兼备的十八罗汉　/171

  情景交融——从美人床看"休闲文化"　/173

  神奇的金丝楠木——参观金丝楠木馆有感　/176

  扇艺——杂论扇子　/179

  旧时风物——黄杨木雕作品的记忆　/183

  形制古朴　相得益彰——紫檀与紫砂的气韵　/186

  风水轮流转——关注紫光檀家具的升值潜力　/190

## 辑四

  中华瑰宝——由《世代长寿》谈缂丝艺术　/195

精美的艺术——大铜章的鉴赏 /198

化腐朽为神奇——猛犸牙雕的收藏潜力 /202

紫砂风云——潮起潮落话紫砂 /204

时间艺术——漫话钟表收藏 /209

梅缘——梅花题材作品谈 /212

黄金的时空——浅议金币的投资与收藏 /215

结缘——葫芦的玩赏 /218

寻趣——寻找自己喜欢的事做 /221

两相宜——调节生活趣味的火锅收藏 /223

资源共享——从旅游中分享宝物 /225

时空的记忆——浏览电影海报的遐想 /228

不一样的感受——上海"民博会"观后感 /231

黑旋风——认知与品鉴黑茶 /234

庭院的空间价值——庭院宝藏一席谈 /238

把玩手串——手串面面观 /240

泥土的艺术——泥塑收藏遐想 /243

冰火两重天——理性看待文玩市场的变化 /246

乱象——艺术品市场一瞥 /248

走眼——从收藏失误中清醒 /252

委卖与交换——投资收藏中的一种方式 /256

读书指引方向——投资与收藏需知识助力 /258

后记 /261

辑一

# 收藏历史

## ——访《苏州府学志》作者杨镜如先生

说到收藏，人们通常谈论得较多的话题是文玩古董。文玩古董蕴含着诱人的经济价值，尤其切合古董和艺术品收藏者的胃口。而对古代历史文化方面的收藏，乃至挖掘、研讨，即便不是著书立说，甚至谈论者也甚少。

具有千年文化底蕴、百年教育传统的苏州中学的资深学者杨镜如先生编著的《苏州府学志》，是一项全面反映苏州府学历史和人物的奠基性工程。全书关涉宋、元、明、清四个朝代，由四大块组成：概述、人物、碑刻、大事记，分三大册，共360余万字。《苏州府学志》由苏州大学出版社出版，得到"国家出版基金项目"支持，并获得省市社科联奖、省市档案精品奖等多种奖项。2013年5月16日举行首发式时，多家媒体、网站作了报导，《苏州日报》发了专访，轰动一时。

这部巨著的问世，倾注了已有七十高龄的杨镜如先生的心血与智慧。杨老师身上藏匿着一种强烈的历史责任感，以及传承民族文化精神的自信与勇气。我（采访者）是带着恭敬与感佩的心情去采访精神矍铄、思维敏捷、态度和蔼的杨老先生的。

采访者：您是如何看待《苏州府学志》的历史价值的？

杨先生：苏州府学的历史绵延千年，

**杨镜如先生**

明清两代曾有人为府学编过志书。例如明正德八年,有蔡昂四卷本《苏州府学志》,明嘉靖有王穀祥十二卷本《苏州府学志》,还有明王焕如《苏州府学志稿》,明嘉靖三十八年有《重修苏州府儒学志》,清康熙间有过起孟《苏州府学志》等五部志书,其中四部亡轶,仅王穀祥本残存八卷,且遗失卷首,无法窥其全豹。

所以,千年府学无一部完整的史书反映其面貌。从这个意义上说,我编著的《苏州府学志》是填补历史空白的。如今,我们说起苏州府学千年的历史,心中有这本书作底子,有五六百人物,有二百多块碑,还有众多的地面古建筑作为支撑,我们是踏实的。

《苏州府学志》主要适用于文史专业工作者、地方志工作者、教育史工作者,为他们提供较详尽完备的文献资料,对苏州市文化建设,对古代文化,特别是古代教育的研究发掘有相当作用,也为进一步研究苏州教育史提供了一个平台。

采访者:在《苏州府学志》之前,您已经完成了八十万字的《紫阳书院志》。请问,这两本书有何不同,又有何联系?

《紫阳书院志》《苏州府学志》(三册)书影

杨先生:《苏州府学志》和《紫阳书院志》是姊妹篇。苏州中学古代史部分,包括苏州府学史和紫阳书院史,这两部分不是前后相承关系,紫阳书院是苏州府学之内的校中校,先有1035年起始的苏州府学,至1713年江苏巡抚张伯行在府学尊经阁后办了紫阳书院。因此,有了1713年到1904年这一段平行发展的历史,到1904年,同时结束了它们的历史生命。

这两本书的异同,简单地说,体例完全相同,都由概述、人物、碑刻、大事记四个部分结构而成,概述、大事记是纵向的,人物、碑刻是横向的,交织起来,立体地反映了这段历史。两书尽量搜集有关人物史料,突出他们的办学主张、教学理念以及人生情趣。这有助于我们总结他们的办学经验教训,以史为鉴,再铸今日苏州中学的辉煌。

由于历史长短不一,决定了内容的多寡不一。《紫阳书院志》涉及的人物33位,碑刻10通,概述17页,9节,全书80万字。《苏州府学志》涉及人物566位,重点128人(宋代34人、元代37人、明代38人、清代19人),碑刻201通(宋代

44通、元旦15通、明代69通、清代65通、清代后8通），概述124页，23节，全书360余万字。

采访者：这两部古代书志应该怎么读？

杨先生：我这两本书，主要是文言文，虽作了注解、翻译，还是较难懂。因此，受众面要小些，它是给专业研究者的一个平台，作为深入研究的基础。我倒觉得，不妨把这两本书当工具书来查阅，这样更能发挥作用。至于一般读者，建议先看概述，然后选择性地看看后面感兴趣的内容，有余力的话再深化下去。在此，我也衷心地希望专家学者提出宝贵意见，使这两本书更加完善。

采访者：苏州府学与文庙是什么关系？

杨先生：现在文庙和府学被硬性分割成两个分属教育局和文广新局的单位。其实，范仲淹在创办苏州府学之始，就将文庙作为府学的一部分，进行整体设计建造，这就是所谓的"左庙右学"。文庙在学府中的作用，即为今天的学校礼堂，只不过它是专门祭祀孔子的。孔子被后世奉为"至圣先师""万世师表"，地位非常高，结果就形成了文庙建筑高于府学其他建筑的现象。

采访者：在编写《苏州府学志》的过程中，您的最大感受是什么？

杨先生：为了编写这两部史书，我几乎投入了退休后的全部时间与精力，跑遍了大小图书馆，查阅了无数的相关资料，仅参考的图书就有数百上千种。常常为了一个人物、一方碑刻，乃至一个典故、一个字词，都要再三跋涉，再三翻检，再三易稿。当时我七十多岁，不会电脑打字，全是手工书写的，不要说是校稿五六遍，就是看一遍也要花费很长时间。对此，我要特别感谢苏州大学出版社编审金振华教授，他是《苏州府学志》的责任编辑，也是第一位认真详尽读完《苏州府学志》全稿的人，他为此书的出版付出了辛劳。

要说最大的收获，我的体验是：只要静下心来，持之以恒，锲而不舍，必有所得。用激励年青人的话来说：有志者，事竟成。此外，虽然编写过程是艰难而痛苦的，但通过编写，我的校雠、训诂、考据、版本、目录等专业知识水平大为提高，思辨推理等逻辑思维能力得到强化。书的出版，又增添了一份喜庆。这又验证了活到老，学到老，学有所为，学有所乐的道理。

采访者：感谢您慨赠《紫阳书院志》和《苏州府学志》，它们已成为我的珍贵藏品。请问，您对书籍收藏有何看法？

杨先生：你说到关于书的收藏，在中国古代这是一个良好的传统，几乎所有的读书人都爱书、都收藏书，江浙一带更是藏书名家荟萃之地。宁波明代兵部右侍郎范钦的天一阁、常熟瞿氏的铁琴铜剑楼是其最著者,驰誉大江南北。苏州本地的藏书家如顾文彬、文征明、潘世恩、叶昌炽、黄丕烈等,比比皆是。他们本身就是学养极高的文化人、学者、专家,他们藏书的目的,首要的是提升人品修养,其次是整理考研。他们往往具有很强的经济实力,为得梦寐以求的一部好书,不惜变卖田产,有的甚至到了节衣缩食的地步,用"书痴"来形容他们,真的一点也不为过。

这和今天只着眼于经济利益的收藏(包括古籍的收藏),是有天壤之别的。如今一本极普通的刻本古书,被哄抬到毫无理智的价位,已经远离古人藏书的宗旨了,用个不恰当的形容词,这叫斯文扫地。对这种现象,一直经营古书买卖的文育山房主人江澄波先生也连连摇头,叹息说不理解。

文化典籍的收藏,应该回归其本真。希望你成为一位收藏文化典籍的有心人。

结束语:《苏州府学志》的问世,得到了苏州中学领导和苏州大学出版社的关心和支持,这部巨著具有相当大的文化史料价值。当下,我们在大力弘扬民族文化,传承民族精神的环境下,希望能涌现出更多像杨镜如先生那样的学人,为了崇高的教育事业,兢兢业业,无私奉献。同时,也寄望各级政府给予文史研究者们更多的精神与物质的鼓励。

金振华(左)杨镜如(中)俞恭定(右)在吴江静思园

# 在惋惜中受益
## ——观黄胄《六驴图》随想

一次应朋友之约,去他家会远客。客人来自河南,为年过八十的李先生。据朋友介绍,李先生经历丰富,政商两通,是位业余大收藏家。字画是他的强项,此次带了近十幅中国当代名家字画,有的是画心,有的已裱好,配有卷轴。这些耳熟能详的画家不用介绍,我都清楚。他开出每幅画的润格,说是友情价,其实与市场价格接近。我对字画的鉴赏水平是肤浅的,对如此大名头、高价位的字画,一时难以下手,但也不会因为买了画,而去降低生活质量。

但是,在这些字画中,黄胄的一幅早期水墨画《六驴图》还是很有诱惑的。虽然是早期作品,画在皮纸上,但该画品相完整,诗书画印齐全,驴的形态自然活泼,用笔干练,墨韵十足。价格相对适当,但还是超出我的心理预期。

事后,我朋友说:你错失了一

**黄胄国画《六驴图》**

次极好的机会,黄胄的画是"潜力股",升值空间很大。记录显示,2013年12月2日,在北京保利秋拍"黄胄先生基金会推荐专场"上,黄胄的国画《欢腾的草原》(142cm×360cm),以1300万元起拍,最终经过35轮竞价,以10288万元成交,刷新个人拍卖记录,奠定了黄胄作品在当代画坛的地位。黄胄的拍品逐年上涨,是收藏家瞄准的重点。

此次的错失有其综合因素,不必细述。但是,经过后期的补课,翻阅了一些介绍黄胄的书籍、资料,我对黄胄的作品有了更新的了解,增加了一份崇敬感,同时,也留下了一份惋惜。

黄胄是一位天才画家,黄胄的驴可与徐悲鸿的马、齐白石的虾相媲美。"文革"时,黄胄因赠驴画给老干部,尤其是赠送一幅《百驴图》长卷给邓拓,受邓牵连而惨遭迫害,并被讥为"驴贩子",下放农场13年之久。复出后,他异常勤奋与坚韧,令人感动的是,在身患疾病的情况下,1979年8月,他毅然深入到新疆天山脚下、火焰山下、高昌古城旧址、喀什故地等。在临近冬季,他穿过戈壁,翻过海拔3500米的达坂,到达阿图什。之后,又西行,到祖国最西部的塔什库尔干塔吉克族自治县。在那里,他与牧民同吃同住,并一起观看了少数民族的叼羊比赛、极富生活气息的歌舞晚会等,充分感受到生活的乐趣,激发了许多创作灵感,创作了大批新作品。

"搜尽奇峰打草稿"(石涛语),已成为黄胄深入生活、广搜题材的座右铭。"在生活中起草稿,在生活中练功夫,在生活中寻找技巧",又是黄胄创作的生活

黄胄国画《欢腾的草原》

体验。速写,可视为黄胄艺术生命之所在,它既是认识生活、记录生活、积累创作素材的手段,更具有独特的审美价值和艺术创造。黄胄的许多优秀作品,正是在深入生活的采风中形成的,如受邀为人民大会堂创作的巨作《欢腾的草原》《叼羊图》《牧马图》《马上较力》等。这些作品具有草原的生活气息,显示了生动、激昂的时代面貌。黄胄笔下的驴更是栩栩如生,这得益于他在下放农场养毛驴时,整天生活在驴的圈子里,熟知驴的各种生活习性,渐渐对驴有了感情,故心中有驴,下笔如神,形成了独特的画驴风格。

综观黄胄的人生经历与艺术创作,许多作品造型优美大气,结构准确严谨,用笔坚挺精到,色彩丰富和谐,人物刻画神形兼备,毫无概念化、程式化,充满了个性特点,完全符合艺术源于生活,又高于生活的规律。可以毫不夸张地说,黄胄是当代最杰出的画家之一。

文章是写完了,对黄胄的崇敬更增加了。当然,与《六驴图》失之交臂的惋惜之情也增添了不少。

# 艺术长青
## ——钱君匋的多才多艺

钱君匋先生好似一棵艺术长青藤，一生把艺术视为生命，把艺术视为人生最高价值的体现。他是一位多才多艺的艺术家。

装帧：出版了《君匋书籍装帧艺术选》。装帧艺术是钱老的拿手绝活，他一生设计了各类封面一万多种，"钱封面"的雅号曾一度蜚声中国文坛，鲁迅、茅盾、郭沫若、巴金、郁达夫、叶圣陶、丁玲等著名作家均邀请钱老设计过封面。当时，"钱封面"是中国书界的热门。

篆刻：出版了《钱君匋篆刻选》《中国玺印源流》（合作）、《鲁迅印谱》《茅盾印谱》《长征印谱》等。他一生篆刻的各类印章达两万余方，并为许多政要、艺人篆刻印章，如毛泽东、陈毅、乔石、茅盾、丰子恺、朱屺瞻等，他的代表作《夜潮秋月相思》《钟声送尽流光》《隐隐笙歌处处随》《立异标新二月花》《惯于长夜过春时》，极具收藏价值。

钱君匋为作品书写长跋

书画：出版了《钱君匋画选》《游黄山记》行书帖，曾先后在日本、新加坡、菲律宾等国和我国的香港、澳门等地区举办过钱君匋书画展。钱老是一位擅长各种书体的大书法家,他炉火纯青的书画技艺,源于他深厚的书法功底及学养。尤其是到了晚期,他的汉简隶书,写得灵动活脱,又不失古气,自成一体。

音乐:出版了《恋歌三十七曲》。在庆贺钱君匋从艺70周年的纪念晚会上,上海乐团专门组织了一台"钱君匋音乐作品欣赏会"。钱老的这批音乐作品主要是在"春峰乐会"期间创作的,作品涉及合唱、女高音独唱、男低音独唱、女声二重唱、木管与钢琴四重奏、钢琴独奏等。

著作:钱君匋先生是一位多产作家,一生发表了各种体裁的作品达数百万字。代表作有:诗歌《水晶座》,散文《素描》,回忆录《战地行脚》,纪实文章《霜枫小品》等。

出版:钱君匋先生创建的万叶书店,曾出版发行各类书籍、乐谱、教材等200多种,其中,由他主持出版的《词语副课本》《算术副课本》

钱君匋作品

《常识副课本》等教科书蜚声杏坛,为振兴与推广民族教育做出了贡献。

收藏:钱君匋先生藏品丰硕。1987年10月16日,国家文物事业管理局授予的奖状载明:钱老将毕生收藏的书画印章等文物4083件捐献给国家,其中有明清以及民国时期大画家沈周、文徵明、徐渭、陈洪绶、金农、李方膺、郑板桥、任伯年、张大千、吴昌硕、徐悲鸿、齐白石等的书画作品,收藏赵之谦印章达105方,黄牧甫印章达156方。他捐给桐乡市博物馆和海宁钱君匋艺术馆的藏品也达数千件。

钱老的艺术成就受人敬仰，载入史册，也为后人树立了一座艺术的丰碑。在钱老的艺术生涯中，成就最突出、最能体现其精湛技艺的，要数装帧与篆刻。

装帧是一门综合性艺术。封面是一本书的门面，如何把一本书的丰富内容概括、浓缩到一张封面上，并能以新颖别致的创意吸引人，起到画龙点睛的效果，对于设计者来说，必须具备深厚的文学素养、高超的艺术水准和广博的鉴赏水平。钱老对封面设计一丝不苟，无论是整体布局、格调、风格，还是图案、字体、颜色、标题等，每个细节均十分讲究。一张封面形同一张脸，几千张封面要求互不雷同，反映出各具特色的效果，确实不易，但钱老做到了。

钱老的篆刻艺术，著名画家邵洛羊的评价可谓切中肯綮："他的治印，踪迹秦汉，步明清诸大家，婉爽隽逸，在赵之谦、黄牧甫、吴昌硕、齐白石之后别开生面者，所镌有笔、有墨、有气、有韵味，边款长跋，或行草，或篆隶，洋洋洒洒，一气呵成，更独步印坛。"我国著名画家朱屺瞻对钱老的篆刻技艺十分欣赏，一生请钱老刻了200多方印章，高度评价钱老的篆刻："以秦汉为宗，博采明清诸家之长，形成了清健舒畅、有笔有墨的独特风格，而且，他善治巨玺，力可扛鼎。"钱老的篆刻成就源于他深厚的书法功底，他书法四体俱精，草书龙凤飞舞，而汉简入隶，天趣盎然，自成一体。

钱老的许多优秀作品将流芳百世。我曾到海宁参观过钱君匋艺术馆，也欣赏过钱老的书画集。我对钱老篆刻的印章和汉简隶书尤为喜欢。到了晚年，钱老已基本不刻印章了，而能收藏到钱老的一副汉简隶书对联，则是我梦寐以求的夙愿。俗话说：无巧不成书。一次我有幸在朋友家，看到钱老篆刻的两方印章和他书写的几副汉简隶书对联，其中一副四尺对开的对联，书曰："书存金石气，室有蕙兰香。"颇为吸引眼球。他的汉简草隶结体舒长而飒爽，其笔力、笔韵，最富"君匋味"。欣赏钱老的墨宝，深深打动了我的心。为此，在我的请求下，朋友忍痛割爱，把这副对联转让给了我。我把它挂到书房的墙上，在靠墙角处配了一张花几，上面放盆兰花，似有相得益彰之趣。每当端详这副对联，真是回味无穷。

钱老一生勤奋、刻苦，为了艺术呕心沥血，创作了无数令人耳目一新的作品。钱老高超的艺术，源自他对艺术的追求。他活到老、学到老、进取到老，他是一棵根深叶茂的长青藤，他的人格魅力让人钦佩，他的佳作将永远载入艺术史册。

# 一笔字的境界
## ——读星云大师《一笔字的因缘》一文有感

逛书市、购图书、阅览书籍是我的业余爱好。

2017年7月15日,我去苏州博览中心,参观了江苏省一年一度的书展。本次书展规模大,展位多,展品繁多。我重点参观了"星云大师著作专区"。该专区由上海大觉文化传播公司精心布展,专区面积较大,正前方是一幅慈眉善目的星云大师画像。入口处放了两张桌子,一张是提供书友抄经、印拓、填色互动用的,另一张是提供星云大师弟子妙普法师为书友签名留念用的。在专区右侧还放了一张桌子,供书友购书后盖印与抽奖用。专区内七八位近50岁的服务员是从台湾来的义工,他们竭诚为读者服务的笑容里,留有星云大师的慈影。该专区是整个展区的热区。

我是出于对星云大师的仰慕,来购他的书的。在书展上,我收获了一本由台湾作家符芝瑛撰写的《传灯》(星云大师传),一本《觉悟》(星云大师的心灵修行课),另一本《合掌人生》(星云大师著)。原本想购一本星云大师书法集(还未

与妙普法师(左)合影

出版),因为我在朋友的奇石馆内看到星云大师的一笔字书法作品,字体圆润、流畅,很有韵味,由此引起我对一笔字的关注。说来也巧了,在《合掌人生》一书第十九篇《一笔字的因缘》一文中对星云大师的书法专门作了叙述。

星云大师的一笔字源于40多年前因糖尿病引起的并发症,视力逐渐减弱,甚至看不清,这对他来说是一件痛苦的事。平时,星云大师爱好读书、写字,尤其是经常有朋友、读者请他签名、写字,可眼睛看不见,怎么办?他只能算好字与字之间的距离和空间,一蘸墨就要一挥而就,如一笔完不成,第二笔要下哪里,就没数,这样便形成了一笔完成的习惯,故叫"一笔字"。

星云大师知识渊博,著书丰厚,书法另有一功。20世纪80年代,他的书法博得人心,求字如朝圣。有时,他一天要写几千幅,每幅要以分秒来计算。一次"徒众讲习会",来自世界各地的出家徒弟到佛光寺聚会,为了表达结缘之心,他写了千幅字赠送徒弟。他曾在许多场合,应各界人士的盛情邀请,泼墨挥毫。多年来,他以字做慈善,许多实业家为了报答星云大师开悟人生的"说法""论道"等,借索字而奉献香火,每幅字从几百元到几百万元不等。星云大师则把这些钱全部用于慈善。他在文中提到:"我可以借写字的因缘,写出一个西来大

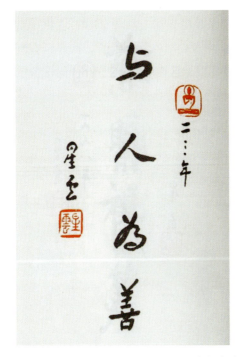
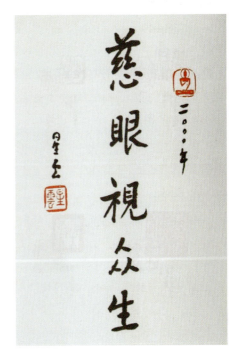

星云大师书法(引自《觉悟》)

学来(美国西北大学联盟校)。"他又谦虚地说:"我的字,承蒙众人不嫌弃,而能登大雅之堂,如果说有什么价值,只能说是出家七十多年来,凭借一份与人结缘,给人欢喜的心罢了。"

其实,星云大师的书法,是有章法、有笔韵、有功力的。虽是一挥而就,却不知要挥去多少岁月,付出多少艰辛与心血。正如古代大书法家怀素、王羲之,近代大书法家弘一法师,当代大画家被誉为"一笔虾"的齐白石、"一笔驴"的黄胄、"一笔金鱼"的凌虚,他们的成名,是用堆积如山的宣纸与画秃无数的笔毫换来的,是勤奋的结果。

此时,我不由想起在"艺术空间"专栏一文中的报道:2013 年,陕西省书协改选时,共产生 64 位领导,主席 1 名,常务副主席 16 名,副主席 18 名,名誉主席 11 名,顾问 6 名,秘书长 1 名,驻会秘书长 1 名,副秘书长 10 名。类似这种庞大的机构,在其他省市或多或少也存在。文艺团体内出现的一些怪象,早已成为人们热议的焦点。这其中,有的是不学无术、不懂书法的草包;有的是在退居二线后挂个虚职,拿份薪酬,参加一些有偿活动;有的还像回事,"虚心"拜师,专练几个字,如龙、虎、寿,再添个什么万事如意、吉祥如意等,果真"一字千金",借原职加现职双重身份来谋取钱财;有的以兼职身份,招摇过市,不知羞耻,到处题字,人们戏称除厕所、火葬场不题外,走到哪里,题到哪里。还有些"书法家"的字体也自成一家,被嘲笑为"蟹体""蝌蚪体"。这些人到处题字的用意,全在于一个钱字。

读《一笔字因缘》一文,受到的深刻启发是:只要你多做好事,多做善事,多做公益事,多扶贫、济贫、救贫,无形中,就会积德、吉利、安康。千万少和名、利挂钩。

# 粉画巨子
## ——杭鸣时的杰出贡献

1998年9月,画家杭鸣时的一幅粉画《柯桥夕照》,在美国纽约曼哈顿举办的全美26届粉画大赛中荣获金奖。这是继我国上世纪30年代著名粉画前辈颜文樑先生创作的《厨房》荣获法国沙龙金奖后,我国粉画家在国际上第二次获得的殊荣。巧合的是,这两位画坛英豪均是从人杰地灵的苏州走向世界的。

杭鸣时先生有深厚的家学渊源。他是上海月份牌画始祖之一杭稺英的长子,与他父亲的弟子李慕白、金梅生等交往密切。学生时代,他就打下了较为扎实的绘画功底,他的素描、水彩、国画、油画,明丽清润,总有几分月份牌画的遗

杭鸣时粉画艺术馆

**杭鸣时粉画《柯桥夕照》**

韵。自进入鲁迅艺术学院后,他勤奋学习、刻苦钻研,拓展绘画领域,成绩斐然,成为学生中的佼佼者。留校从教后,他探研教学新思路,创新水彩、粉画的技法,在青年教师中出类拔萃,充分展示出他的艺术创作的潜能。他后来编著的《擦笔水彩年画技法》和《粉画技法》,成为美院的教科书。

20世纪80年代以前,杭鸣时先生就已在水彩、年画、宣传画的创作中,取得了非凡的成绩。1964年,他创作的《工业的粮仓》,可谓国内水彩画史上的一个里程碑。这幅画被中国美术馆首批收藏,同年入选全国美展。宣传画《红色接班人》,被中国美术馆收藏,并录入《中国美术馆藏画集》。1965年,他创作的年画《草原铁骑》,首版印刷180万份,创年画在"文革"前发行量之最。

80年代后,他的作品多次入选全国美展,并被文艺、美术刊物选登。他的个展在全国一些城市举办,1999年中央电视台书画院电视画廊主办了《杭鸣时作品展》,同年,香港心源美术出版社出版了《杭鸣时画集》。

值得一提的是,在杭鸣时先生的各类粉画作品中,人体粉画是他的绝活,在历次画展中,人体画要占到50%以上。造型艺术离不开对人体美的研究,他注重从人体艺术的沃土中,去发掘美的矿源。他笔下的人体画,既富有东方温柔委婉的意蕴,又具有西方浪漫潇洒的情趣。观赏杭鸣时先生的人体粉画,是一种艺术享受。尤其是在不同型号的砂纸上,通过丰富多彩的色调,他能淋漓尽致地反映出人体的光感、质感、肌理效果,展现出女性人体温柔多情、天真纯情、楚楚动人的形态。观赏杭鸣时先生的人体粉画,常给人以一种视觉的冲击和内心的震撼。

粉画发源于欧洲,距今已有两百多年的历史。作为一门独立画种,粉画在欧美被称作高雅艺术。粉画引入中国已有一百多年,但一直发展缓慢。与国画、油画相比,粉画成了一个小画种,以致不被人们所重视。目前,从事粉画创作的人员还不多,许多人还不知道什么叫粉画,正如画家吴冠中所言:"中国的美盲确乎要比文盲多,要普及和提高美育,任务何其艰巨。"

杭鸣时先生获得国际金奖,犹如在中国文化艺术界投了一颗原子弹,辐射作用巨大,这不仅是国家的荣誉、杭鸣时个人的荣耀,更开启了国人的眼界,展现了粉画的丰富内涵及无限魅力。作为中国水彩、粉画艺委会副主任和美国特邀粉画评委的杭鸣时先生,在获此殊荣后,许多著名的国内外画廊和大的企业集团向他发出邀请,为他办画展、制作广告、拍专题片,有的甚至要出高价买断他的画。如果他愿意的话,他完全可以实现"一夜暴富"。但他不仅不为名利所动,他的内心深处反而增添了一份社会责任感,无形中更激发起大力推广和普及粉画工作的决心与信心。

杭鸣时粉画《暖冬》

他不顾年近七十,全身心地投入本校(苏州科技学院)和苏州大学培训粉画人才的工作中,还应邀在南京、深圳、香港等地开办粉画培训班。2003年4月,经过他的不懈努力,中国美协艺委会与苏州市政府联合举办了"中国首届粉画展"。本次画展应征作品共1300余件,数量之多、质量之高,均创历史纪录。同年9月19日,作为《2003首届中国北京国际双年展序列展》之一的《全国粉画作品展》在中国国家博物馆隆重开幕。画展取得了空前成功,受到社会各界的高度评价。中国美协原常务副主席刘大为在中国首届粉画开幕式上说:"从这些作品中我们看到了粉画艺术的无穷表现魅力,看到了作者们在多元化创造格局中迸发出的探索、创新的开拓精神,看到了中国粉画的发展潜力和可喜前景。"

杭鸣时先生是粉画艺术的传播者和推动者。为了褒奖他在粉画领域所作出的杰出贡献,苏州市政府特为杭鸣时先生建立粉画艺术馆,并于2011年12月16日举行了揭牌仪式。这是苏州继颜文樑纪念馆、吴作人艺术馆后,第三个以个人名字命名的艺术馆。它将为苏州再添一张精致的"文化名片"。2012年6月9日至6月24日,中央电视台在苏州摄制了32集的《杭鸣时粉画教学》专题片,并在中央书画频道播出。这无疑为传播和普及粉画艺术起到了事半功倍的作用。

如果说,杭鸣时先生的艺术成就为他在当代粉画领域奠定了重要地位,那么,杭鸣时先生为推动中国粉画艺术的发展做出了更有深远历史意义的贡献。

# 意志成就艺术
## ——余克危的艺术成就

2006年12月26日,由人民美术出版社出版的《余克危绘画集》在苏州首发,画册共四集,每集收250幅作品。这套装帧精美,称之为"大红袍"的画册,是余克危先生近50年绘画生涯的成果结晶,也是当代苏州文化艺术生活中的一件盛事。当我满怀喜悦欣赏余克危先生的作品时,每每为其作品动感的意境和色彩斑斓的画面所震撼,更为他因胃癌做了全胃切除后,仍以坚强的意志与死神抗争,并以超强的生命力,开创具有个人绘画意境与风格的画作而感动。余克危先生的画是用他的生命凝结而成的,是生命迸发的火花,而支撑他勇往直前、走向辉煌的秘密是什么?我认为是他超强的意志力。

意志,是人的行为驱动器的核心,是人的各种努力的灵魂。古今中外,任何伟大的成功都不是唾手可得的。千里之行,始于足下。不积跬步,无以至千里;不积小流,无以成江海。作家德·迈斯特说过:"耐心和毅力就是成功的秘密。"著名画家梯辛是个不知疲倦的工作狂,他的名作《殉道者伯多禄》整整花了八年时间,他

**余克危与花卉**

余克危油画（一）

的另一幅名作《最后的晚餐》也耗时七年,这种锲而不舍的意志值得称颂。艺术狂人凡·高的经典之作《向日葵》举世闻名。他短暂的一生是在十分艰苦的生活环境下度过的,他始终不渝地把艺术视同生命,如痴如醉地投入艺术创作中,以致在病痛发作割下自己耳朵的痛苦时刻,仍未放下手中的画笔,完成了最后一批优秀作品,如《奥瓦士两岸》《广阔的麦田》《麦田里的乌鸦》等。凡·高的许多作品具有超越时空的想象力,表现出一切生命都在滚动,使作品能打动人的灵魂。我国著名画家吴冠中在"文革"初期得了严重的肝炎,久治不愈,病痛折磨着他瘦弱的身体,使他感到活不久了。然而,内心的郁闷与创伤,使他萌发了"与其被病折磨,索性以作画来自杀"的想法。于是,他不顾病痛,不去治病,将全部精力投入艺术创作之中,使其技艺更为大胆、自由,开辟了绘画创作的新天地。"天道酬勤",天道给吴冠中先生带来恩赐,使他久治不愈的肝病不治而愈。后期,吴冠中先生创作的《长江三峡》《韶山》《井冈山》等力作颇具影响,出版界相继为他出版了《吴冠中画册》《吴冠中国画选》(四辑)、《吴冠中文集》等。2002年3月,吴冠中当选法兰西学院艺术院通讯院士。

当代画家余克危也是这样,1991年因胃癌做了全胃切除手术,生命垂危的信号时刻缠着他,这病魔使他经受了三十多次化疗,体重由160斤骤减为80来斤。痛苦、折磨、煎熬、绝望……他全都尝尽了。但是,他都没有屈服,他的心里唯有画,只要生存一天,身体允许,他就不放弃任何动笔的机会。或许,是爹妈起的名字起了作用,在他手术后,病情出现转机。"以画顶命"的欲念,使他转危为安。这场生死考验使他的绘画风格出现了转变,创作中探寻出了一条新路。余克危先生深有感触地说:"这场病给我带来的是灾难,但因祸得福,反而成就了我现在的油画。"这又是意志超越自我的一个奇迹!

意志成就了余克危先生。早在20世纪90年代中期,我就在画中结识了余克危先生。之后,我通过各种媒体,翻阅各类书刊,观看各种画展,密切关注他的踪迹,寻觅他的精品佳作。以我之见,余克危先生病愈后所创作的作品,给人以耳目一新的感觉。对他来说,热爱生活、珍惜生命是何等的重要啊!由此,他把这种爱融入到创作之中,为人们提供了一份丰富的"精神盛宴",从"玫瑰"组画、"花之韵"系列、"无题"系列,再到"林"系列、"太极"系列。在这些系列中,

余克危油画(二)

**余克危油画(三)**

相对而言,我更偏爱"无题"系列。"无题"系列显示了余克危先生在油画技法上所演绎出的无限的自由与奔放。如金秋的树林,他大胆地用金粉作树的杆、枝,整幅画面以点、线、面、块的色彩技法,来衬托树的千姿百态与盎然生机,极具视觉冲击力,令人赏心悦目。

常言道:一分耕耘,一分收获。"无题"系列给余克危先生带来了成就与荣耀,他的一幅《无题》作品,被法国巴黎大皇宫国家美术馆授予"最杰出中国画家作品特别奖"。在艺术人生中,生命与画、画与生命是紧密连在一起的,而超强的意志又贯穿于余克危先生艺术人生的始终。

# 承前启后
## ——张继馨、潘裕钰的花鸟画册页

长卷、册页、扇面被誉为书画文玩三宝,三者各有玩味与收藏价值。就个人而言,我更喜欢册页。册页有画集的味,是浓缩画作精华之大集,也被称为"小挂历"。在收藏中,能直接得到一位画家在创作成熟期的作品应该感到荣幸。

2012年年初,我在朋友相助下,直接从著名画家张继馨画室求得了一本花鸟画册页。张老今年(2012)86岁,据收藏圈内人士判断,此画册乃是他创作"老辣期"的作品。这本花鸟画册页共十开,每开 33cm × 33cm,作品很有代表性。

张继馨先生1926年出生,是新吴门画派的扛鼎人物。现任苏州美协名誉主席,为中国美协会员、江苏省文史研究馆馆员、江苏省花鸟画研究会名誉会长、苏州大学艺术学院客座教授。近三十年来,他在国内举办各类画展共40余次;出访过许多国家,应邀作学术交流;在国内出版有《张继馨画集》《吴门画派的绘画艺术》《鸟类画谱》《草虫画谱》

张继馨艺术馆开幕合影

《蔬果画谱》《树石画法》等书40余部。他一生专注于花鸟画的研究与创作,在继承传统画法的基础上勇于创新。他强调笔墨是中国画不可缺少的核心和灵魂,在技法上要"神完气足",在运笔中要"气贯神足"。著名美术评论家周积寅评论说:"他的花鸟画作品风格新颖,于秀润、典雅中见力度、厚度。"张继馨的花鸟画越到后期越显章法独到,灵空透气,下笔简练,气韵出神,形神兼备,作品表现得内涵更深、意境更高。

三年前,我在朋友的推荐下,获得了一本著名画家潘裕钰的花鸟画册页(十开),每开46cm×34cm。据行内人士说,这本册页是直接从潘裕钰先生手里得到的精品。

潘裕钰先生1944年出生,曾任苏州市美协副主席。现为中国美协会员、中国版画家协会理事、江苏版画家协会特聘高级画师、苏州版画院第一任院长。他的版画作品多次入选全国美展。作品《绿树丛中万点红》入选1972年全国美展,后被中国美术馆收藏。作品《吴歌新译第一篇》入选第十三届全国美展获铜奖。花鸟画作品《牡丹独争图》获2008年度第十四届当代中国花鸟画邀请展最高奖桂华奖。他出版有《潘裕钰中国画集》《昆曲百戏图》等书。

潘裕钰先生是位多才多艺的画家,在版画和戏剧人物画领域建树非凡,而他在花鸟画领域里也具有相当的实力。他画的大写意花鸟泼墨、泼色挥洒自如,正如著名美术评论家邵大箴所言:"他的画不施重墨,随风而推笔,应流而勾色,如此更能体现墨分五色。"他笔下的花鸟,笔笔有动感,笔笔见功力。尤为传神的八哥、鸽子、芦花鸡的头部动动态,一啄一咽,一抖一冲,煞是可爱。潘裕钰先生自"北漂"后,深感京城人才济济,要想有一席之地,更需勤奋努力。他获得桂华奖的作品《牡丹独争图》,构图饱满,用色淡雅、协调,笔墨更有韵味,充分体现了画家高超的艺术造诣。

苏州人杰地灵,历代出现了许多著名的书画家:明时的"四家"沈周、文徵

**潘裕钰花鸟册页**

张继馨花鸟画册页图录（一）

张继馨花鸟画册页图录（二）

张继馨花鸟画册页图录(三)

潘裕钰花鸟画册页图录（一）

潘裕钰花鸟画册页图录(二)

潘裕钰花鸟画册页图录(三)

明、唐寅、仇英，清时的"四王"王时敏、王鉴、王原祁、王石毂，以及清末民初的花鸟大家吴昌硕、任伯年等。苏州近现代画家更是众多：名闻大江南北的"三吴一冯"，其中吴湖帆、吴子深、吴寺秋三人，不是出身于苏州就是迁居于苏州。之后，"吴门画派"的花鸟画家代表就数张辛稼先生了，而张继馨先生是师从张辛稼先生的第一代画家。潘裕钰先生虽不属张辛稼先生的嫡系弟子，但他是从临摹张辛稼先生的花鸟画起家的，在他的许多作品中仍可见到张老的遗风遗韵。

由此可见，张继馨、潘裕钰两位先生在创作中所取得的佳绩，正是遵循了在传承中发展、在发展中创新，以及艺术创作源于生活、高于生活的准则。概言之，他俩在继承传统精华的基础上，形成了个人的风格与特色，开创了花鸟画领域的新天地。

# 红叶情结
## ——探寻《天平秋色》的意境

  1992年,我在西南财大就读时,选择金秋十月的一个假日,与几位同学一起乘旅游大巴,来到位于四川藏族羌族自治州理县境内的米亚罗红叶景区。米亚罗红叶景区是20世纪80年代末发现的,要比北京香山红叶景区大180余倍,是中国面积最大、景观最壮观的红叶区。景区内群山连绵,江河纵横,林海浩瀚。

张俊秋水彩画《天平秋色》

**张俊秋水彩画《秋山秋水》**

金秋时节,层林尽染,万树嫣红,争奇斗艳,斑斓的色彩与蓝天、群山、河流构成一幅醉人的画卷。

　　景区藏在深山中,是一个天然氧吧,在那清新的空气中观赏红叶,令人心旷神怡。我们顺道一路爬山赏景,山脚下正阳面的红叶是鲜红的,山腰处的红叶是红中带绿的,山峰上的红叶则是黄、绿、红色相间。而生长在山的正面与背面、山的峡谷与小溪旁的红叶,由于温度、湿度、光照等气候环境的不同,颜色的深浅变化无穷。据说植物的观赏均有相对的最佳期,而10月下旬是米亚罗观赏红叶的黄金期,那时登高,遥望满山遍野的红叶,徜徉在红色丛林间,又如同畅游在红色的海洋中,那种意境真让人心醉!

　　如果说米亚罗的红叶景区气势磅礴,当属中国规模之最,那么最富自然与人文气息的红叶景区要属天平山景区了。天平山景区位于苏州城西约15公里,天平红叶观赏期要晚于米亚罗近半个月。每年11月中下旬,从上海到苏州来观赏天平红叶的游客络绎不绝。天平山景区以怪石、清泉、红枫构成天平的自然"三绝"。山上奇石嶙峋,危耸峭峻。一线天、飞来石是景区的亮点。山腰有钵盂泉(又名白云泉),泉水醇厚甘洌,相传曾被茶圣陆羽品为吴中第一泉。山下主要建筑依山构造,有纪念白居易的"乐天楼"和清乾隆曾读书作画的"御书楼"。自唐代以来,白居易、范仲淹、乾隆皇帝等名人在此留下了许多诗词、游记及遗迹。如今,画家张俊秋的一幅水彩画《天平秋色》入选第二届中国美术金彩奖大展,并成为由天津人民美术出版社的大型画册《张俊秋》的首幅作品,这无疑为天平红叶增添了光彩,也为天平山的人文风情留下了印记。

每年金秋时节,人们观赏红叶,尤如在早春赏梅、重阳赏菊一样,已成为一种传统习惯。随着人们生活质量的提升,这种雅兴不仅表现在对实景的观赏需求上,同时,也表现在对梅、兰、竹、菊的名画名作的收藏上。我出于红叶能给生活传送喜气与愉悦的兴致,通过一位朋友收藏到画家张俊秋创作的一幅水彩画《天平秋色》。这幅作品规格 100cm×52cm,比入选金彩奖的尺幅还大,更显气势。把它挂在房内正对着床的墙中间,每天能观赏到红叶的美景,给人以温馨与活力。

张俊秋水彩画《江边》

张俊秋先生属学院派画家，1960年毕业于南京师范大学。之后，在大学长期从事水彩画的教学与创作，独创水彩技法30多种，撰写并出版《水彩画技法探》《张俊秋水彩画技法》《张俊秋画集》等著作。张俊秋先生是一位才华横溢的画家，1989年在北京中国美术馆举办个人水彩画展。当时，北京的各大媒体争相报道，许多艺术界名人到场祝贺，盛况空前。刘开渠先生亲临参观，古元先生题写展名。张俊秋先生创作的《花与果》《东方威尼斯》《花》《三峡归帆》四幅水彩作品被中国美术馆永久收藏。观赏张俊秋先生的画，正如美术评论家韩涛所述："张俊秋的每一幅画都风味独特，作品中富含国画的逸趣、油画的厚重、版画的线条，以及装饰画的理念、印象主义的朦胧等，画面清爽神俊，格调潇洒风雅。"而水彩画《天平秋色》正是张俊秋先生绘画风格的最佳展现。

从实景转入画境是画家对大自然的提炼与概括，艺术品的收藏与欣赏则是从物质享受到精神陶冶的升华。

# 妙笔生辉
## ——江南猫王汪传馥

中国画坛,擅长画动物的名家较多,最具代表性的有画马的徐悲鸿,画驴的黄胄,画骆驼的吴作人,画虎的张泽,画牛的李可染和画猫的曹克家等。在这些名家的背后,还有一些知名度虽不高,但同样画得相当出色的画家,如苏州画家汪传馥擅长画猫,被民间称为江南猫王。

汪传馥国画《秋声》

　　汪传馥先生 1934 年生于苏州，自幼随父学画，后拜乡人杨公毅为师，继私淑任伯年。1961 年受北京画家曹克家指教，受到莫大教益，1990 年与苏州国画院院长张辛稼在台湾高雄举办花鸟画联展，2005 年上海人民美术出版社出版《汪传馥画集》，2008 年西泠印社出版社出版《当代江南中国画名家——汪传馥》画集。汪传馥先生在绘画生涯中，始终以理论与实践相结合，深入生活写实。他功力扎实，笔墨精到，秀丽工整，画意悠远深秀，画面热情温馨。多年的绘画经历，使他形成了自己的风格和特色，创作出许多大家喜闻乐见的作品。

　　2010 年秋，汪传馥先生画展在苏州江南书院举行，应承办方邀请，我前往参观。本次画展规模不算大，但展出的几十幅作品件件是精品。我在朋友的推荐下，选了一幅题为《秋声》(又名双猫图) 的作品。在苏绣中，以猫为题材的作品大多受人喜欢，如双面绣《双猫图》，在市场上最为畅销。十年前，我在苏绣之乡光福镇买了一件配有紫光檀座子的双面绣《双猫图》屏台，现一直放在我家客厅的几案上，颇有灵气。这次又获得一幅国画《双猫图》，实属缘分。

　　"猫捉老鼠"在民间流传甚广。因猫吃害虫，人们对猫颇具好感。现实中猫捉老鼠很少见，汪传馥先生笔下的作品，大多描绘猫在不同环境中，去追捕螳螂、蜻蜓、蝴蝶、蜜蜂、蟋蟀等，这类题材是他作画的擅长。

　　作品《秋声》描绘两只猫一前一后地躲在草丛中，密切窥视着一群蜜蜂在花丛中飞舞，正欲寻找时机，腾跃捕捉飞舞的蜜蜂。汪先生在描绘猫时，采用工笔画法，造型生动传神，毛色浓淡相间，经过多次渲染，层次变化丰富，把猫身上的

汪传馥国画《耄耋长春百猫图》(局部)

毛,用细笔勾出自然的绒绒感,有一种伸手可触的逼真效果。在描绘景物时,汪先生以写意手法,把树、花、草及蜜蜂简练地构画出来。这种工笔与写意结合的画法,也是汪先生擅长的。

猫是画家们喜爱的表现题材,在古代即已频频跃居绢素。历代画家笔下的猫,不少画的是宫廷内的富贵猫。而汪先生笔下的猫,都是普通百姓的猫,大多表现为猫在不同环境下,捕捉昆虫之类的画作,充满浓郁的生活气息。作品《耄耋长春百猫图》675cm×48cm,是体现汪先生生活情调和绘画技法的巨幅力作,100只形态各异、生动活泼的猫,在花草中嬉闹。整幅画布局精到,画工细腻,尤其把猫眼的传神和动作的活灵,惟妙惟肖地刻画出来。无怪乎海派著名画家程十发和刘旦宅观看了汪先生的作品后大加赞赏,程十发还为汪先生的画集题写了书名,刘旦宅为汪先生的画补景增色。

人们不无婉惜地说:凭汪先生的资历与画技,早年如北漂或海漂的话,也许其名气与地位就不限于现在了!

# 多彩实践　灵感流溢
## ——周燕华的绘画艺术

2006年,江苏省美协与南京大学出版社联合出版了一套《江苏省美术家精品集》大型系列画册,全省挑选了二十多位有代表性的画家,苏州女画家周燕华即在其中。她的画册是以水彩画、丝绸画组成的。值得一提的是,在美术系列画册中,将丝绸画列入其中是首次。虽然丝绸画还不属于一门画种,但这种画的新颖性、独特的审美性和视觉效果,迅速引起了美术界同仁的高度关注。

周燕华女士从事绘画已有四十多年,原先擅长国画,后来一直以水彩、丝绸画为主。作品入选过全国和省级美展,获得许多殊荣,如水彩画《祖母的手艺》(54cm×79cm)入选全国美展,粉画《阳光下》(70cm×79cm)获得省美展银奖,作品《画艳》(47cm×69cm)入选中国水彩画写生精品展。

周燕华女士是一位多产画家,坚持创新和展现个人风格是她的主要追求。水彩画《啸》(54cm×74cm),入选由第四届世界妇女大会组

周燕华(右)陪寥静文参观画展

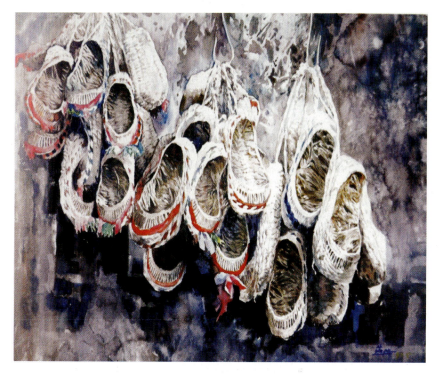

周燕华水彩画《祖母的手艺》

委会主办、中国美术馆协办的《中国女美术家作品展览》。廖静文女士观看后,特挥笔命题为"笔情色韵"四个字。已故著名画家古元观看后给予充分肯定,激励她奋发有为,早日在中国美术馆举办个展,并题写了《周燕华水彩画展》的展名。水彩画《黄山》(50cm×72cm),以其特有的智慧和灵性,借灵巧的艺术表现手法,画出了水彩的气韵感和油画的质感。已故书画家钱君匋看后给予高度评价,并为她题写了《涵月楼》画室名。我国当代著名画家陈逸飞看了她创作的丝绸画后,给予的评价是:有创意、有灵气、有动感、有气势。

周燕华女士投入到丝绸画的创作,或许是出自一种灵感,或许是追求一种新的艺术生命,或许是接受一种崭新的挑战。她笔下的丝绸画别具一格,既有水彩画轻盈飘逸的印染感,又蕴含着油画色彩的层次感。这种技法以白胚绸代纸,以特殊颜料与保护粉相调和,严格控制一定的水性。动笔前围绕主题,按色彩变化的记忆来安排画面,动笔时则一气呵成。每幅作品需要多道工序、经数次运笔设色才能完成。

周燕华油画《无题》

周燕华丝绸画《紫薇》

周燕华女士在艺术探索中,注重在求新中求变,在求变中不断完善与超越,经过如痴如醉的反复实践,形成了一套有别于传统丝绸漂染画的制作技法。尤其是在色彩的运用与水印渲染的结合上,能大胆地把其他画种的元素融入到丝绸画中,挥洒自如地将丰富的色彩表现出来,充分展示出水彩的光感及其折射出来的通透靓丽的效果。如丝绸画《紫薇》(42cm×42cm),作品曾在中央美院展出,深得好评。画作以抽象的花卉为主体,以紫色为基调,运用不同颜色的块面衬托枝叶。画面构图新颖,色调融合,富有质感,完美地把写实与抽象有机地结合在一起。

周燕华女士是一位特立独行、与时俱进的画家。她始终奉行"画如其人"的格言,即:画家一定要有个人的风格,要画出与众不同的特色和品味,给人看后能留下记忆。如画假山,要画出吴冠中作品《狮子林》中的色彩与线条组合的风格;画动物,要画出韩美林抽象画中大手笔的神态。而周燕华女士的风景画也不同寻常,正如已故画家崔护在《万水千山总是情》一文中给予周燕华女士的评价:"她功底扎实,在构图与色彩方面不同于常见的图画布局,用笔掌握了书法基础,显得更有骨力;线条美的变化,渲染墨色的韵味,觉得调子特别和润,如醇香酒美味十足。画面传有心声,逸气外溢。"

周燕华女士又是一位极具创新意识的画家。近年来,她用水彩与油画相结合的技法,把山水风景画在扇面上。这一独树一帜的技法,又得到了许多同仁的赞赏。她认为,只有通过不断创新,才能把艺术感受与创作冲动所萌发的灵感展现在画中。每当我们看到她的新作问世时,无不被她那种生生不息、追求生命、张扬个性、迎接挑战的精神所打动。

**周燕华与陈逸飞合影**

# 漫画的表现力
## ——《漫画丛书》谈

2011年8月,我因大腿骨折,腿上打了钢钉,行动不便,在家休养。这段时间,我心情异常烦躁,考虑以什么方式来消遣、解闷?书,应该是"疗效"较好的药吧。平时喜欢购书,但看书时间少,这次养病正是弥补欠缺的好机会。书,林林总总,如何选择?一套由人民文学出版社出版的《我的人间喜剧》漫画丛书正好呈现在案前。这套丛书是由我国几位著名漫画家创作的。就先看看这套漫画丛书吧。

丛书图文并茂,集思想性、哲理性、趣味性、艺术性为一体,给人以寓教于乐的益处。我原本想通过阅读丛书来舒缓、调节一下心情,但不曾料到的是,我一看就被深深吸引而欲罢不能了。

漫画是18世纪初在英国出现的一个新画种。当时的漫画是画家用来评议时事,以画来表达思想情感的。随着社会的演进,漫画的功能、用途逐步扩大了。漫画的最大特征是富有时代性,强调时效性。漫画反映的内容主要分为褒与贬两类,即对生活中的真善美予以褒扬,对假恶丑进行针砭。

生活同样是漫画创作的源泉,构成漫画的元素来自于联想、推想、奇想、幻想等丰富的想象力,来自于各地的方言、俏皮话、歇后语,来自于大量的文艺表演样式如相声、说唱、滑稽、快板等,也来自于词汇中的夸张、比喻、借喻、映衬、烘托、对比、拟人等。漫画更多的是将生活中的元素,以一种形象思维的方式表现出来,并以独特的幽默艺术,表现出使人产生共鸣和让人回味的作品。

漫画家华君武的作品,富有哲理性,且概括性、比喻性、趣味性极强。作品

《半个月饼爬上来》,以黑底色为天空,用白色衬托出一轮明月。在半个月亮内题写:"全国盒装月饼合格率57.7%。"画的绝妙之处是将一首曲名中的月亮改为"月饼",讽刺劣质月饼在中秋时节爬到天空。这是一种对劣质产品的"示众"方式。此画作于1996年,但十多年过去了,假冒伪劣现象又是如何?前段时间各地发生"地沟油"充当食品油事件,其危害程度远大于劣质月饼。

漫画家方成的作品有较强的幽默感,他以强烈的矛盾对比手法,让漫画更具讽刺性与幽默性。作品《钓鱼》中一位钓鱼者,钓上来的均是死鱼,边上站了一位官员。图下一句讽刺性的话:"从你们工厂一开工,河里就剩这一种鱼啦!"把环境污染所造成的后果,刻画得入木三分。环境污染是公害,太湖因受污染产生了大量的绿藻,城市因大量废气排放形成了雾霾。这些重污染,直接危害人体健康。

漫画家江友生的作品,以问答的幽默方式,给人留下遐想空间。作品《虚报》采取"拟人法",将装满数字的大袋子竖在中间,左边一个瘦小个,通过拼命吹袋中的数字,变成了右边一个大腹便便的官员。作品揭示了"官出数字,数字出官"的浮夸现象。这不禁让人产生联想:一些地方官员不顾民生,拿财政资金、银行贷

华君武漫画《半个月饼爬上来》

方成漫画《钓鱼》

江友生漫画《虚报》

款大搞形象工程、政绩工程、数字工程,为个人荣升创造条件。

漫画家江帆的画极有形象比喻能力,作品《井蛙》让我们看到了孩子们在老师或家长的压力下所处的境地。画中描绘了书本垒成的"井"在囚禁着小小的"蛙",大而厚的眼镜使人联想到青蛙鼓凸的眼睛。画家的巧妙之处是,借用书本和人物构成了"井"和"蛙",似是而非,似非而是。这是一幅巧用比喻的佳作。

漫画家丁聪的人物肖像漫画尤见功夫,许多教授、作家、文人雅士尽入于其笔下,堪称中国漫画一绝。漫画家毕克官的作品,则以水墨画的形式来体现天真烂漫的童趣生活,很有特点。其他有专长的漫画家如廖冰兄、缪印堂、孙之俊、李滨声的作品也很有特色。

此外,在这套丛书中所涉及的一代宗师丰子恺的漫画,具有诗情画意。他的作品有不少世相漫画和抒情漫画,如佳作《最后的吻》是一幅描绘旧社会人们苦难的世相漫画。作品以借喻、烘托的手法,反映穷人养不起孩子,送到宗教团体办的"育婴堂"。而在画的右下角,一只大狗在给小狗喂奶。这一强烈对比,反衬了人世间普通民众的苦难滋味。漫画家张乐平笔下的《三毛从军记》和《三毛流浪记》,借助于瘦小的三毛,塑造了生活在旧社会里千千万万苦难儿童的悲剧。这组连环漫画,作为阶级教育的史料,影响了几代人。老一辈画家叶浅予擅长舞台戏剧人物画,他笔下的戏剧人物生动活泼,出神入化,很有谐趣感。

漫画源于生活,漫画中的事时时发生在人们身边。由于漫画家丰富的形象思维、扎实的艺术功底和别具一格的表现手法,他们的作品都出自于他们长年的生活积淀和丰富的人生阅历,出自于他们通过内容与形式相结合,挖掘社会各阶层的关注点,特别是关乎民生的教育、食品、环境等问题,引起人们的共鸣,留下深刻的记忆。

漫画作为文艺作品,如今越来越受到重视,许多报刊、杂志均开辟了"漫画专栏",有些地方还定期组织画展、笔会,进行广泛交流,有的学校把漫画集作为学生的课外读本,还有的把一些优秀作品作为投资收藏。近年来,一些著名的漫画作品,如连环漫画《三毛流浪记》《王先生》,以及漫画家丰子恺、张乐平、叶浅予的作品,出现在艺术品拍卖会上。2011年5月2日,中国首届漫画拍卖会在杭州举行,222件拍品总成交额1180万元,总成交率100%,无一流拍,多数拍品以超过估价数倍的价格成交。这无疑对推动漫画艺术的发展将产生一定的影响。

江帆漫画《井蛙》

漫画作为一门世界性画种,是文化与艺术相结合的产物。漫画在社会发展中将会产生越来越大的影响,漫画市场正方兴未艾。

# 纸上的回忆
## ——闲谈书法爱好与鉴赏

一手好字，犹如一张颇有身份的名片，可让人增色不少。记得读小学时，书法是一门必修课，老师每周要安排几个课时专门练字，寒暑假还要布置练习作业。刚学书法，从"永"字八法的基本笔法和结构开始，要经过看帖、描红、临摹、背帖等环节。老师遵循的是按部就班、循序渐进的原则，如果临摹过不了关，就要加量重罚，直至过关。当时的教学是极为严谨的。

为何写字从书法练起？为何强调书法的重要性？我想主要缘于传统的历史文化。自古代发明了汉字后，历代对文字的修炼很重视。文字是一种特定的符号，以书写的形式表现出来，无论是过去使用的毛笔，还是现在使用的钢笔或签字笔，书写的工具变化了，但都离不开书法。

过去，你如写得一手好字，往往会影响日后的学习、工作和事业。记得读书时，老师批阅作文，第一印象是看你的字写得如何，字好自然会先得好印象；碰到工作招聘，每人要填简历，一手好字呈现在考官面前，无疑会引起格外关注；遇到异地恋爱，靠书信往来，一手好字会增加对方好感。同样，在实际工作中，你有一手好字，也会带来好运。记得知青年代，我有一位同事，因写得一手好字，很快被领导看重，当上了公社土记者，每周负责出几期简报，当时用沾水笔刻在蜡纸上，经油印后分发到各生产队。知青年代的土记者、代课老师和赤脚医生是很吃香的，遇上招工、高考等机会，真可谓占尽先机。在军旅生涯中，我有两位战友，因文采好，又写得一手好字，分别被首长看中，一位从团政治处干事选调到军区政治部当干事，另一位从军区作战处参谋选上了副司令秘书，其身份自然是水涨船高。

我入伍时,在师指挥所当标图员,工作较单纯,信息较闭塞,文化教育类书籍又很少。为了充实与丰富生活,我把家里带来的《颜真卿多宝塔帖》《柳公权玄秘塔帖》《刘炳森隶书帖》三本字帖,利用业余时间在废报纸上进行练习,并寻回学生时代的感觉,自编了一本《新美术字体》。

20世纪70年代,政治色彩浓厚,学习活动一个接一个,领导知道我有美术特长,要求创办一个学习专栏。于是,我从编辑开始,直至版面设计、刊头画、插画、书写等,几乎由我唱"独角戏"。之后,从机关物色了两位战士一起运作,使专栏办得有声有色。由于办专栏出了点小名,这期间还临时借调到师部宣传组,负责在部队大院内高大建筑的碑、塔和围墙上书写语录、口号等。一个美术字,小的像窗户那么大,大的要达到门框那么大,字要先写在纸板上,刻空后挂上去用油漆喷涂。这属于一种高空作业,有一定危险。任务完成后,受到领导表扬,感到很光荣。

在那峥嵘岁月里,写得一手好字,真有用武之地。我有中学时代办黑板报、出专栏的特长,充分利用部队这一平台予以发挥,

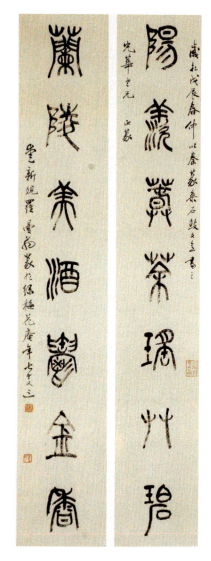

沙曼翁作品

既受到了锻炼,也得到领导的赏识,为日后入党、提干,乃至调到上级机关工作打下了基础,也为事业的发展起到了积极作用。

随着职业生涯的转变,我从部队转业到苏州。在苏州这片文化热土上,书画活动多,信息量广,学习与交流氛围浓厚,使我能安下心来,寻找一些历史文化遗存,拜读与鉴赏更多的名人名作,进一步拓宽视野,增长知识,提高学养。

  我们每每为"天下行书第一人"的《兰亭序》作者王羲之的墨迹所激动,为"颜筋柳骨"(颜真卿雄浑,以筋胜;柳公权清劲,以骨立)的艺术功力所折服,为被李白评为"恍恍如闻神鬼惊,时时只见龙蛇走"的草圣怀素的艺术风格所陶醉。同时,也为苏东坡的《黄为寒食》诗帖、欧阳询的《九成宫醴字铭》帖、赵孟頫的《跋怀素论书帖》、扬州八怪之一金农的漆书体和郑板桥的怪体字,以及为在中国书法史上做出成就的弘一法师、王铎、傅山、邓石如、林则徐、赵之谦等大家作品所熏炙。

  苏州具有二千五百多年的历史,文化底蕴深厚,是文人墨宝辈出之地。吴地书法自三国始,晋之陆机、唐之张旭、孙过庭,乃至"明四家"、"清四王"的出现,使书画艺术达到一个高峰,吴门书派在国内影响较大。苏州现被誉为"中国书法名城",涌现出一批"新吴门书派"的代表。例如:2009年荣获中国书法兰亭奖终身成就奖的沙曼翁先生,以篆隶书法著名;曾被评为全国十大书法家,以左手行书见长的费新我先生;以贵为国礼的瘦金体书法名家的崔护先生;以隶王著称的吴进贤先生;等等。后起之秀中,有以六朝碑版为根基的楷书书法家朱大霖先生;以唐朝、魏晋碑体为本的汉隶书法家华人德先生;以传承王铎碑帖为基础,兼具众长的行草书法家谭以文先生;等等。从艺术审美与鉴赏的角度,就个人喜好而言,我更倾向于沙曼翁和谭以文两位先生。

  现代书法家沙曼翁先生的篆书,师承虞山派萧退闇,并对此风格进行创造性的深化,尤其对大篆、小篆、甲骨文的涉猎,使作品的审美取向有所突破。他能把篆书的笔法结体、草书的笔情墨趣有机地融入隶书,又把简帛书的自然天真之趣与碑刻隶书的浑厚古朴之气相调和,形成了古朴淳雅、苍劲清逸的独特风格。沙曼翁先生是当今中国书坛屈指可数的书、画、印兼正、草、隶、篆、行各体

谭以文作品

皆能,并以篆、隶、甲骨文书法独开新境界的书法大家。

当代吴门书法之秀谭以文先生师从费新我,书法根基是以明代书法家王铎的行草为蓝本。近期,我鉴赏到谭以文先生的行草岳飞《满江红》手卷,整幅作品给人以气势磅礴的视觉和心灵上的冲击。作品充满王铎"墨生于水、枯燥重湿、浓淡相间"的印迹。其句首开笔和重新添墨之处,均以鲜明的墨团来显示,且笔法结构、线条缠绕相续,浑然一体。书卷洋洋洒洒,纵横开阖,笔走蛇龙,满纸烟云,颇具艺术效果。谭以文先生出道较早,20世纪80年代初就已成为江苏省青年书法家协会主席。

鉴赏一位书法家的作品,不仅要考察其在传承与发扬书法艺术的表现手法上,能否形成个人的风格与特色,而且要考察其所具有的文化底蕴、艺术审美、道德修养和创新能力。这些正是时代所赋予的要求,也是传承"吴门书派"的精神所在。

# 追梦人
## ——激情四溢的中国陶艺大师徐安碧

画如其人,书如其人,刻如其人。徐安碧先生是一位集绘画、书法、陶刻、造型为一体的艺术家,在历经四十多年的艺术创作中,"百花齐放、推陈出新"是他的主基调,"博采众长、形成风格"是他的理念。在那陶艺的方寸天地里,他如饥似渴地精锤细练,以刀代笔,塑造出众多古朴典雅、美妙神奇的作品,无愧为中国陶艺大师和全国十大能工巧匠。

宜兴被称为"陶都"。宜兴的"五大名旦"(紫砂、青陶、均陶、美彩陶、精陶)早就成名。而这"五大名旦"均与陶艺有着千丝万缕的联系,尤其是紫砂陶刻,从古至今,宜兴出了许多名人,如陈鸣远、朱可心、任淦庭、徐秀棠、谭泉海等。

与徐安碧(左)赏壶

而今,在商品经济的利益驱动下,年轻人大多从事紫砂制壶行业,从事制陶工艺的人很少,有陶刻专长的人则更少。但是,徐安碧先生依然是一位继承与发扬制陶工艺的守卫者与忠诚者。

2013年5月上旬,我去徐安碧先生的艺术品展示馆参观。身为全国政协委员的徐先生,平时除创作外,社会活动较多,有时一天接待客人达十来批,真是应接不暇。但是,他只要有时间,都能热情接待,从不摆架子或寻词推托。说来也有缘,我去参观的那天上午,客人较少,这是难得向他学习与交流的机会。令我感激的是,在参观陶艺作品展览时,他毫无保留地介绍了新近创作的许多作品,包括一些当国礼赠送的作品,观看了他与国家领导人、全国著名文艺界人士合影的相册。最后还赠给我一本《徐安碧书画陶艺集》,并在首页题写了"艺无涯"三个独具风格的"安碧体"书法做留念。

徐先生有着扎实的艺术功底和文化修养,20世纪70年代初,他就读于江苏省陶瓷工艺学校(现为无锡工艺技术学院),毕业后从事陶瓷工艺。80年代,又到中央工艺美术学院进修。他的艺术生涯涉及素描、水彩、国画、书法、图案、彩绘、造型、装饰等门类。阅历、学养、实践、悟性、灵气,成就了徐先生的艺术事业。在艺术生涯中,创新是他的生命之源,探寻艺术上的突破是他孜孜以求的梦想。他善于把创新思路、创新技法、创新组合,充分融入绘画、书法、陶刻、造型"四位一体"中去,并以新颖的构图、独特的"安碧体"书法、流畅的刀法,使作品富有个性化的风格和特征,充满强烈的艺术视觉效果。

挂盘《岁岁康乐》

欣赏徐先生的作品,给人有"消遣中的艺术"的印象,有一种梦幻般的"活度"感。这或许是出于他开放而活跃的性格,把创作视为琴、棋、书、画的幽雅和游山玩水的放松,许多作品给人以一种闲情

挂盘《清刻鱼纹图》

雅趣的韵味。作品《岁岁康乐》，以国画写意的形式，在大圆盘上绘制了一把造型夸张的提梁茶壶，壶身尤如一顶草帽，壶把尤如弯弓，简练的几笔，很有灵动感。更有趣的是，在壶的边上，配有两只小茶杯和六颗小樱桃，起到点缀作用。此外，在画的空白处还配了一首诗，颇具诗情画意。作品《清刻鱼纹图案》，采用板画的黑白基调及几何型的抽象图解方式，刻画了鱼在水中的游动，颇有梦幻般的意境，具有高超的艺术表现力。

紫砂绿泥硕圆瓶

创新不是无源之水、无本之木。创新应在继承与发扬中遵循一定的"法度"。在徐先生创作的仿古陶器中，既传承着古代文明的历史，又具时代气息的风韵，不显得古板、僵化、老调，体现了徐先生的创新意识和丰富的想象力。作品《紫砂绿泥硕圆瓶》，采用的是宜兴稀有绿泥原矿料，瓶子造型独特，肚大口小，在瓶身上刻有篆隶与甲骨文相兼的字体，并以象形的龙纹、圆章、符号等做装饰，颇具古朴雅致的美感。作品《紫砂古韵瓶》，采用褐色原矿料，在罐身上刻了李白《将进酒》诗歌，字体与章法吻合，使作品赋予较强的精、气、神。

紫砂古韵瓶

徐先生还善于把陶刻艺术融入紫砂壶创作中，这种创作不是传统意义上的人物、山水、花鸟等表现形式，而是以精练的名言警句为内容，以"徐氏"风格的隶书、篆书、行书、甲骨字体为表现形式，给人以见其字、见其壶如见其人的感觉。作品《神灯壶》，形如一盏古代的油灯。该壶采用清水泥制作，壶身圆润，轮角挺括，清晰秀美。在壶身上刻有隶书"厚积薄发"四字，另一面刻有"明月一壶茶，清风万卷书"诗句，富有人生哲理，又有人文气息。作品《日出东方》，壶形如太阳，壶嘴、壶把、壶均以龙的图纹来表现,寓意龙的传人,日出东方。壶身刻有"富贵于我如浮云"的隶体字,刚劲有力,很有金石味。

此外,徐先生以浓墨重彩、大笔挥洒的手法,淋漓尽致地描绘了祖国的大好河山,巨幅国画《江山钟灵图》《云山流泉百清音》《峡江峰云图》等,气势磅礴,极具视觉冲击力,显示了徐先生胸怀大志、高瞻远瞩的气度。

徐先生融绘画、书法、陶刻、造型"四位一体"的作品,展现出线条的美、力度的美、章法的美、形体的美,诠释出追梦人的心境与意境,使人们观赏后,不仅得到直观的艺术视觉享受,更能领悟到作品的文化内涵及艺术品位。"艺品如人品,谦德为尊。"这是徐先生从艺的格言,也是他做人的真实写照。

紫砂壶《神灯》

紫砂壶《日出东方》

# 融入瓷艺
## ——杨丽华与青花瓷艺

2012年1月7日下午,应陶瓷大师杨丽华之子蒋荃荪先生之邀,我来到苏州桃花坞大师坊的杨丽华工作室,由杨丽华女士为我在三周前购买的她的两件青花瓷作品上补签大名留念。其中一件青花瓷作品《寒雀梅枝俏》,曾被收入由苏州古吴轩出版社出版的《水墨青花——杨丽华作品集》一书中。本次签名,一改过去只是签在收藏证书上的做法,而是直接签在作品集的图页上,并配有现场签名照片。

在十多年前,我就耳闻杨丽华女士的大名了,那时她已从国画专业转到瓷器行业,将吴门画派艺术融入景德镇瓷器工艺中,创作了许多独具风格的青花瓷作品。这些作品,我曾在报刊和展览会上见过。而当时人们对新瓷器作品的关注度不够,我也对之感悟不深,仅是看过听过就过去了。

然而,随着艺术品市场的升温,越来越多的个性化瓷器艺术品涌入市场,于是,人们重新审视起陶瓷艺术的外在美与它的内在价值。近年来,我亲眼目睹了杨丽华女

与杨丽华(右)在工作室探讨瓷艺

士创作的独具吴门画派风韵的作品,这次又能与她面对面地交流,聆听她讲述如何把绘画艺术融入到瓷器中,创作出反映时代风貌的艺术作品的体验,感触良多。

杨丽华女士于1939年出生于人间天堂的苏州古城,师从吴门画派元老沈彬如、张继馨。她在苏州工艺美校(现苏州工艺美院)执教几十年间,从未间断过对中国画的探研,尤其是她在传承吴门画的基础上,不断拓宽绘画领域,取得了可喜的成绩。她在退休后,毅然放弃熟悉而舒适的环境,孤身去江西景德镇发展,在那里一待就是十多年,潜心探研如何将吴门画派技艺技法融汇到瓷器烧制工艺中。天性认真好强的她,凭着扎实的国画功底,将细腻生动而线条流畅的工笔、挥洒泼墨的写意,尽情地再现在瓷器上,使她参与创作的各类瓷器艺术作品,呈现出吴门画派的风格,别具苏作风味。

杨丽华女士虽年事已高,但她富有创作激情,思维活跃,思路宽广,表现手法多样。她在创作器物的造型上不拘一格,大到花缸、鱼缸、花瓶,小到瓷碗、茶具、文玩等;在图案选择上,她特别钟情于花卉,如梅花、荷花、牡丹等,也不泛山水、鱼虫、云鹤、龙凤等。无论是在胎釉的精细、纹饰绘画的粗细,还是在器物造型的精美,青花渲染的深浅、浓淡等方面,她均有独到的表现,烧制后的瓷器发色明亮、鲜艳。

青花作品《寒雀梅枝俏》48cm×21cm,布局疏密有致,章法得体,构图中注意处理好梅桩与梅枝的苍老与稚嫩、疏密与留白,梅枝与梅花的浓淡、深浅,以及动态变化中的虚实关系等。在画面中,两只喜鹊在梅间展翅,表现得栩栩如生,情趣盎然。这件作品的胎骨显得厚重坚硬,内外透明,晶莹纯净,青花色调平稳柔和,渲染有浓淡不一的手指

青花瓶《寒雀梅枝俏》

青花瓶《清水芙蓉》　　　　青花瓶《一池草色万蛙鸣》

捺印痕,花瓶的发色有层次感和水印感,给人以淡雅幽靓之感。

　　杨丽华女士的作品,正如景德镇陶瓷学院院长秦锡麟所评价:"中国画独特的虚实之法,在她的笔下,虚者,虚中见实,虽笔墨未到,可意气均在;实者,实中见虚,大团浓墨,层次分明,透出空灵。窑火把她的笔调、墨韵色彩冶铸得更鲜、更靓。"

　　创新为艺术的发展开辟了道路,执著为艺术走向成熟奠定了基础,坚韧为艺术的深厚积淀提供了回报。2011年是杨丽华女士在艺术生涯中大喜大红的一年,她将艺术界的三项桂冠集于一身,荣获江苏省工艺美术大师、江苏省陶瓷艺术大师、中国陶瓷行业终身成就奖。作为苏州人,我们还应给她加顶桂冠:她是将吴门画派融入陶瓷艺术中的杰出代表。

# 承古拓今
## ——陈巧生与宣德炉

2013年5月18日是国际博物馆日。当日下午,苏州市巧生炉博物馆正式开馆,成为国内首家集铜炉陈列、铜炉制作技术展示于一体的特色博物馆。

从20世纪70年代起,苏州制炉高手陈巧生先生凭借祖传铜炉制作技艺,潜心探研制炉技法与款式,致力于挖掘已断代数百年的宣德炉的铸造技艺,经过不懈努力,宣德炉的配制工艺成功解密。当我们在陈列馆参观时,最吸引人们眼球的是,经他仿制的宣德炉,在造型、色泽、肌理,以及香炉的精、气、神上,呈现出独特的魅力。著名收藏鉴赏家马未都先生观赏了陈巧生先生仿制的宣德炉后赞叹:"古有宣德炉,今有巧生炉。"这一评语,得到了业界同行的广泛认可。由此,"陈巧生制""江东陈巧生制""江东陈巧生""江东巧生"等宣德炉款,名正言顺地走进了市场,成为陈巧生先生的品牌标志,扭转了过去由陈巧生先

与陈巧生(左)合影

桥耳炉

生制作的宣德炉被隐姓埋名,或被人任意盗用的局面。

2010年,"巧生炉"作为苏州工艺品代表作在上海世博会上展出,引起中外贵宾的高度关注,尤其是他仿制的宣德炉等,受到广大参观者的青睐,并作为世博会国礼赠送给各国政商贵宾。2011年,陈巧生先生被苏州市政府授予"中国非物质文化遗产古韵铜炉制作技艺传承人"的称号。作为佛教礼器,"巧生炉"还获得国内许多寺院主持、高僧和宗教界人士的认可,苏州寒山寺方丈秋爽大师将"巧生炉"作为供佛礼器,以表达对菩萨的诚意尊敬。我国台湾星云大师到访寒山寺时,秋爽大师以"巧生炉"为礼,赠予星云大师。

说起宣德炉,真正宣德三年制作的炉,已成为一个谜。通常的宣德炉,不仅仅是指宣德三年铸造的炉,而是所有带宣德款铜炉的统称。几百年来,宣德炉的仿造此起彼伏,一直未断,即便是历次拍卖会上的宣德炉,甚至是王世襄提供的宣德炉,也难以辨别真假,更多的是按照书本中的资料与实物做比照而已。大凡判断宣德炉的要素主要有:

一是包浆与色泽。旧说皇家宣德炉的体色多达47种,而通常的有佛经纸、栗壳、茄皮、棠梨、褐色、鳝鱼黄、藏金色、古铜色、青皮壳、雪花金等,往往年代用久了,在香炉皮壳上形成一层厚厚的包浆,从包浆中发自内质的精华,似为一层珠光宝气,笼罩全器,显得温润而斑斓,色彩华丽变幻,达到"玉毫金粟隐跃于肤理之间"的效果。

二是重量与规格。炉之精品,铜质是关键。上品宣德炉掂在手里是沉甸甸的,重量压手。据陈巧生先生介绍,通常的铜炉只炼两三次,炼到四次已现珠光宝气了。而上品宣德炉最多要炼十二次,使一斤铜只剩下四两(古制一斤为十六两,四两只是一斤的四分之一),即越炼铜质的纯度越高。古时铜炉的口径常见为8~12厘米,口径15厘米左右为中号,口径大于20厘米者为大号。在同样尺寸的情况下,炉越重价值越高。

三是造型与铸工。造型以古雅浑厚为上,有耳足的比无耳足的要好。通常素款的多,雕花的较少。上品的炉显得造型简洁,线条优美,典雅大方,铸造工艺十分精细,一看就很有气派。

四是款式与字体。宣德炉的款式虽有铸造与雕刻之不同,然而皆字字完整,刀刀相见,自然流畅,并且款地明润,与炉色一致,其芝麻地亦颗颗圆熟晶莹,与炉身同色。

上述要素与特征,除在"巧生炉"上得到体现外,我们还领略到陈先生在制作工艺中,探索与研制仿制宣德炉的17道工序,如:在炉体的色泽上调制"大红袍"色,就用了名贵中药雪蛤、朱砂、绿砂等几十种色彩的配方,使其"皮壳"古朴典雅,从内质中显秀色,从光泽中现秀质,以显出巧生炉之魅力。

陈列在博物馆内的各式巧生炉,除一些经典与传统的款式之外,百分之六十以上是由陈巧生先生设计创新的。这种创新正如王世襄先生所言:"继承传统又不因循守旧,大胆创新又不矫揉造作。"他创作的《冲天耳三足大乳炉》荣获2012年江苏省工艺精品博览会金奖。作品《十二生肖铜熏炉》又深得炉友的追捧。

令人可喜的是,陈先生的儿子陈冠丞继承父业,在弘扬香炉文化之大成,汲取制炉绝技之精华的事业中,潜心钻研,大胆实践,创作了一批秉承古法、推陈出新的佳作,如《掐丝珐琅双耳熏炉》《朝冠耳梅花熏炉》《錾刻勾龙架挂熏炉》等。尤为意味深长的是,为了祝贺陈先生60周岁生日,父子俩合作研发了题名《松树架挂熏炉》的作品,该熏炉口径7cm,高40cm,重约7.6kg。创意是一只灵猴攀吊在一枝千年古松的弯枝上,伸手采摘悬挂在半空中的蟠桃。构图惟妙惟肖,静中显动,动中有灵。作品荣获2016年度中国工艺美术百花奖金奖。

很有缘的是,这件作品的创意与15年前,由中国玉雕大师蒋喜为我量身定制的一件题名《硕果满堂》的和田玉挂件有同缘同意之处(见本书《古为今用 推陈出新》

冲耳炉

一文)。更为巧合的是,在我之前多次与陈先生相处时,不知其属性,而在本书再版见面,一起在作品《松树架挂熏炉》前合影时,方知陈先生与我同属本命年。这与其说是巧合,不如说是相缘又香缘。

如今,点香热悄然升起。这不是一种复古,不是一种迷信,不是一种跟风,也不仅限于传统意义上的祭祀祖先,祈拜天地,祛疾辟秽。人们看重的是,通过点香、赏香、品香,体验一种修身养性、保佑安康、陶冶情操的生活情调。

香炉是点香的器物,在成千上百种款式中,能拥有一款"巧生炉",或许会成为你家的镇宅之宝。当你点上一柱心爱的香,无疑会给你增添一份生活韵味、一份生活愉悦、一份生活情趣,给你带来人生中的好运!

松树架挂熏炉

与陈巧生(左)合影

# 古为今用　推陈出新
## ——蒋喜先生印象

自明清以来，苏州一直是中国三大治玉中心之一，苏作玉雕在中国玉雕史上有着举足轻重的地位。现今，苏州已成为中国最大的玉雕制作中心、玉雕文化交流中心、玉雕贸易中心。在苏州玉雕界，蒋喜先生的名字是人人皆知的。

2009年，中国美术学院出版社出版的《美石者》和地质出版社出版的《智圆行方》两本专著，是蒋喜先生从事玉雕工作理论与实践相结合的成果。他传播了玉文化的发展史，传导了制玉的技艺技法，给人以一种艺术审美的启发和精神享受。值得一提的是，同年，蒋喜先生在北京、上海、乌鲁木齐、郑州、杭州、南京和苏州成功举办了他的玉雕作品展。这轮巡展，规格之高、精品之多、时间之久，在全国尚属首次。而且，每到一处展出，均掀起一股苏作玉雕的旋风，广大玉雕爱好者似乎看到了当年琢玉高手陆子冈的身影。蒋喜先生是国家非物质文化遗产（玉雕）代表性传承人，也是当今苏作玉雕的领军人物。本次巡展，使苏作玉雕这张名片，在全国更加

与蒋喜（右）合影

靓丽。

我与蒋喜先生结缘于二十年前,当时,他的玉雕作品在沪宁线上已颇有名气,特别是他的高古、仿古玉雕件,在我国港、澳、台地区和新加坡等东南亚玉雕圈内颇有影响。他对高古玉的造型风格和雕刻技法深有研究,对高古玉器的鉴别能力,以及他亲手制作或修复的高古玉器,连考古专家都叹为观止。

这些年,我有幸向蒋喜学到了许多玉器方面的知识,跟随他去苏州、无锡、宜兴等地考察古玉市场,到民间人士家中收购古玉。在节假日,曾多次与他到苏州最大的玉料集散地——朱家园,去观察市场行情,选购玉料。我们还一起到博物馆观摩玉雕作品。我有时还去他位于十全街的"美石坊"工作室,欣赏新作,聆听玉道。

和田玉《洋洋如意》

令我欣喜的是,蒋喜先生特意为我精心制作了两件作品。

一件题为《洋洋如意》(3.8cm×2.3cm×1.2cm)。这件作品选用的是和田籽料,料质精细,密度甚高,洁白无瑕,油性净亮。雕件刻画了一只温顺的羊,站立在用云纹如意编织的花篮上,似腾云驾雾,回头凝望。作品巧妙的是把羊尾和羊蹄用如意图纹与花篮连接,使整幅作品浑然一体。作品采用了圆雕、透雕、深雕、浅雕等技法,每个细节的雕琢十分精致到位,完美地体现了苏作玉雕精巧、空灵、飘逸、细腻的风格,以及小中见大的立体效果。

另一件作品为《硕果满堂》(3.6cm×2.5cm×0.8cm)。蒋喜先生精选了一粒和田籽料,切面后,制作成玉牌。在图案设计上,他采纳了我想要表达的意境,耐心地画了多幅

黄玉《山羊》

图稿。作品围绕主题,刻画出一只活灵活现的猴子,爬在硕果累累的桃树上。猴子的一只手攀住树枝,目光专注于另一树枝上挂着的金元宝,意欲获得,期望满足。作品采取深、浅浮雕相结合的手法,表现风格既有写实之处,又有写意之处,谓之形神兼备。作品的高明之处是,蒋喜先生在玉牌的反面,用简练阴刻的刀法,勾画了一幅由莲叶、莲花、莲蓬组成的寓意"出淤泥而不染"的画面,衬托出猴子在追求物质享受的同时又洁身自好。令人惊叹的是,蒋喜先生还使用同一原料,做了一颗精美的寿桃来取代圆珠,穿在牌子上端,使整件作品锦上添花。

和田玉《硕果满堂》(正面)　　和田玉《硕果满堂》(背面)

这两件特制的精品,不仅体现出它们的艺术性,更折射出丰富的内涵。

丰富的想象力是体现一件作品的主题思想和展现艺术魅力的根本,创新是作者综合素质中一种灵性的闪光。蒋喜先生始终不渝地在实践中探索古为今用的路子,他深知现今玉雕界人才辈出,无论是从构思设计、工艺技巧还是从风格流派等方面,均达到了一个相当的高度。对蒋喜先生这样一位获得过中国工艺美术百花奖、中国玉雕天工奖、中国工艺美术作品精品奖的名人,他考虑得更多的是,如何在继承与发扬中去创新。难能可贵的是,蒋喜先生勤奋博学,不断求索。目前,他编著的《太湖沉宝》一书由文物出版社出版发行。这本图文并茂的藏品集,收录了他二十余年悉心收藏的五千多件石器中挑选出的两百件精品,具有相当高的史料与考古价值。

近年来,蒋喜先生在体悟古代玉器精髓的基础上,遵循古为今用的原则,更是创作出不同款式的龙凤对牌系列和不同形式的辟邪把玩件、腰佩件系列等,深得业内人士和广大玉友的青睐。作为苏州市非物质文化遗产项目苏州玉雕的代表性传承人物,相信蒋喜先生会一如继往地传承古代优秀的艺术理念和技法,把握时代的脉搏,创作出更多古韵今风的作品,为苏州玉雕创造更大的辉煌。

**龙凤对牌系列·春色满园**

# 古拙雄浑　意趣高远
## ——柴艺扬与《访师图》

十年前,我与朋友去鸡血石产地浙江昌化上溪乡实地考察。印象中的鸡血石产地,一定是面广、量多、价优,但实际并非如此。那里没有市场,鸡血石大多分散在农户家的加工作坊中,即便看到几块章料或是半成品原料,价格也比临安市场的要贵。想想驱车五个多小时,总不能空手而返吧。说也巧,鸡血石没买到,却意外地在一农户家中看到了山田黄。

昌化山田黄是 20 世纪 90 年代中期发现的新品种。它属田石族,形成于山坡与溪涧,呈独块料形,多数埋在土里,少数半露于地面。山田黄外有包皮或略带细砂粒,厚薄不匀,颜色有橘黄、浅黄、桂花黄、枇杷黄、熟粟黄等,质地较细腻。上品山田黄肌理冻透,并带有萝卜丝纹和血筋,可与田黄相媲美。

当时,山田黄还未被人们所认识,价格比普通鸡血石还要便宜。我的同行朋友是园林局的一位"老法师",见多识广,深知山田黄的潜力。于是,在他的鼓动下,我把买鸡血石的钱买了几块山田黄,算是不虚此行吧!

一转眼十多年过去了。2010 年,我经过临安时,顺便去了鸡血石市场,令人目瞪口呆的是,普通鸡血石涨了十多倍。原本市场上能看到的山田黄已深藏不露,偶尔能看到几块,但价格昂贵。据当地人说:山田黄资源有限,这几年一些福建商人常来收购,把好的山田黄充作田黄在市场上出售。无怪乎,物以稀为贵,山田黄也成了紧俏货。

回苏州后,我把封存在车库内多年的一包山田黄"解冻",选了一块偏大的山形原石,邀请玉雕大师柴艺扬设计一款山子摆件。

**山田黄《访师图》**

柴艺扬先生生于1980年,河南镇平县人,出身玉雕世家,现为河南省玉石雕刻大师、省高级工艺美术师。他擅长山子雕刻,他创作的许多作品意境悠远,情景交融,工艺精湛,独秀一枝。作品《观沧海》和《禅论——石生花》分别获2010年、2011年中国玉雕百花奖金奖。

柴艺扬先生具有严谨的创作精神。我的这块山田黄原石交给他后,他放在桌上,用心揣摩,反复思索。他以丰富的想象力和审美视角去挖掘题材,以尽可能保留原石的自然形态为基点,确立创作主题。这件命题为《访师图》的作品,表现了一位文人携子弃船后,徒步到山间,拜访隐居在深山老林中的长者。场景勾勒较简洁,突出了在一棵古松树下,三个人物的动态表现,周围简略映衬有房屋、小道、河流、小船等。整幅画面仅占原石的五分之一,人物、景物大多采用薄意雕刻的手法。作品具有古拙雄浑、意趣高雅的韵味,配上量身定做的红酸枝木座子后,更显浑然一体的效果。

在艺术创作中用简洁、洗练的表现手法,去刻画主题的内涵,是作者审美艺术的展现。大凡有创作力的艺术家,不是生搬硬套书上的样稿去模仿,或是用时髦的、矫揉造作的手法去表现,而是在尽量保留原生态的自然美的基础上,用纯朴的艺术手法,表现其神貌特征。这样的作品才有生命力。

明式家俱讲究的是线条明快与款式简素的美;八大山人笔下的鸟类,干练的几笔就画得出神入化;顾景舟手下的茶壶,素净质朴,造型简洁;柴艺扬先生刀下的《访师图》,则是外拙中见内秀。

山田黄《踏雪寻梅》

# 真情实意
## ——一次不同寻常的相聚

李国平，一个响亮的名字。整个喜马拉雅山，他基本全部走完，整个横断山、喀喇昆仑山也基本走完，围绕 8000 米以上极高的 14 座山脉，全部走完。这 14 座独立雪山，中国独有 1 座，尼泊尔独有 3 座，巴基斯坦独有 1 座，中国和尼泊尔共有 4 座，中国和巴基斯坦共有 4 座，印度和尼泊尔共有 1 座。他是登上 8000 米以上 14 座巅峰的世界第一人。

李国平是中国高原第一摄影师。他一年中有三分之二的时间待在高原上，从喜马拉雅到可可西里，从冰川到长江源。他九死一生，在西部无人区行走 20 多年，入藏 100 多次，登上珠峰不止 30 次。他选择独特的视角，拍下了波澜壮阔、震撼人心的美景。《中国国家地理》《中国西部》《西藏旅游》等杂志，特聘他为专题特约摄影师。他的代表作《喜马拉雅的孤行者》《西藏波密——中国最美冰川之乡》《高镜头：至高音至高影》《伟大的八千米》等在全国发行，深受

李国平（右）授书签名

摄影《阿里扎达土林》

广大摄影爱好者的青睐。

2011年12月,李国平携带50多幅高原摄影作品,受邀苏州革命博物馆,举办了高原专题摄影展。此展规模空前,巨幅气势浩大的巅峰之作震撼人心,广大摄影爱好者和专业人士为这些摄影作品赞不绝口,作品集《高镜头:至高音至高影》《喜马拉雅的孤行者》顷刻之间销售一空。

我的朋友周主任,作为这次影展的主策划,与李国平结下了深厚友情,我多次听他讲述李国平在高原摄影中的动人故事,还把由李国平为他亲笔签名的作品集让我欣赏。看了画册,我的内心是:激动和震撼。

2018年春,李国平将受苏州某文化产业公司邀请,在苏州举办李国平个人摄影展"伟大的八千米"。为了筹办好这次影展,他于2017年8月14日来到苏州。获此信息后,周主任捷足先登,邀请他于8月16日晚相聚。

为了珍惜这次机会,周主任提前做了安排。这天,我们相聚在市区一家具有古色古香建筑风格的餐馆。聚会是在低调、简朴、又毫无拘束的气氛中进行的。

这天,李国平婉拒了车子接送,自己乘车按时按点到达。论李国平的身价,如按官办接待,应是十分隆重的。曾记得,20世纪60年代,我国登山运动员王富洲一行3人,经过19小时的拼搏,成功登上世界第一峰——珠穆朗玛峰,举国一片欢腾,迎接他们凯旋的仪式十分隆重。又如影视明星颁奖盛典,红地毯、鲜花、文艺晚会等,气氛热烈。相形之下,我们的聚会就冷清寂寞多了。而李国平不计较这一切,他以普通人的身份入席。

在聚会期间,苏州某文化产业公司负责人拿出了几本由李国平撰写的《遇见喜马拉雅》新书,请他为我们签名留念。没想到,李国平自带了水笔(不用墨汁的毛笔),不仅为每一位签名,而且在书的首页上题写格言。为我题写的是:"行到水穷处,坐看云起时。"他的文采与行书在圈内是认可的。

**摄影《长江上游通天河》**

授书签名后,是自选动作的合影,有意思的是集体合影。我们自然站成一排,李国平站中间。我们每人手捧一本"签名书",动作规范,如同"文革"时期手捧"红宝书"集体合影一样。

当下,一些明星授书签名、合影是讲究效率的。签名如同机器人,合影如同木偶一样,以读秒来计价。相比之下,李国平的签名、合影是自然的,充满人情味的。

令人意外的是,在聚会上,李国平破例喝了点习将军白酒,即兴为我们唱了首他的拿手歌曲《你激励我》。这是首歌颂圣母玛利亚的外国宗教歌曲,歌词大意是:在我困惑、困顿的时候,你来到我身边,坐在我身边,使我安宁下来。你鼓励我,来到群山之巅。你鼓励我,行进在暴风雨的洋面。你鼓励我,超越自我。李国平的歌喉在圈内被比作帕瓦罗蒂第二,歌声清澈宏亮。这首歌是他一路战胜艰难困苦的精神原动力,是事业成功的精神支柱。我们听后,异常兴奋。当下,一些歌星唱一首歌,动辄就多少万,且歌唱平庸,毫无意味。而李国平歌唱,传递的是一种正能量。

天道酬勤,又酬善。李国平能在九死一生中创造奇迹,创造辉煌,这是圣母、圣山、圣水恩赐予他的。我们通过相聚和拜读他的新作,从他身上学到许多人生哲理,这激励我们在人生道路上,不畏艰险,勇往直前。

# 勤奋出硕果
## ——陆华春的摄影艺术

摄影是文艺创作的一大门类。随着人们物质文化生活水平的提高,摄影爱好群体也在日益发展壮大。人们希望通过摄影来表现丰富多彩的生活,展现大自然的绚丽风光。在艺术创作中,摄影题材的挖掘和立意构图的创新,是构成佳作的关键要素。一幅优秀的摄影作品,往往具有无穷的艺术魅力,给人以美的享受。

陆华春先生创作的摄影作品《雾洒徽州一夜秋》,荣获2008年第九届国际摄影艺术类金奖,实现了苏州市在国际级影展中金奖零的突破。值得一提的是,该奖牌是由世界顶级组织——美国摄影学会(PSA)颁发的。本次影展共有来自美国、英国等42个国家和地区的11927幅摄影作品参赛,是一次高规格的影展。陆华春先生能在高手如林的比赛中脱颖而出,实属不易。

摄影《雾洒徽州一夜秋》

宝刀锋从磨砺出,梅花香自苦寒来。一幅优秀作品的问世是作者多年努力的结果。创作来源于生活中的灵感,灵感又来自于长期的积累与勤奋。陆华春先生原是银行的一名普通员工,他原先仅把摄影作为一种好奇、一种生活乐趣,经常为周围的朋友义务摄影。这种助人为乐的情趣,也无形中使他的技艺得到长进。一些作品在参加单位或市区的展出时崭露头角,受到大家好评。可以说,陆华春先生取得的成绩,靠的完全是一步一个脚印的磨炼与摸索。同时,信息渠道的畅通,也为他拓宽创作视野打开了窗户。他经常利用参加艺术沙龙的机会,虚心向前辈学习,与同行交流,利用节假日去郊外拍摄江南水乡、太湖风光、城市风采等。有时为了探寻与挖掘新的题材,甚至为了捕捉一组最佳图景,他到原始地域爬山涉水,风餐露宿,不畏艰险,在付出中取得了硕果。

作品《雾洒徽州一夜秋》,以江西婺源古村落金秋实景为对象,整幅画面以灰色为基调,描绘了炊烟在晨雾映衬下,透过挂满红叶的树梢,雾笼古村落的景色。在技法上,作者把捕捉到的远近疏密、若隐若现、如梦如幻的精彩瞬间定格成和谐统一的画面。这种避繁就简、虚实相生的创作思路,构建了一幅格调雅致、意境深远的中国画。这幅作品充分体现了陆华春先生敏锐的观察力和扎实的艺术功底。

**摄影《城市旋律》**

为了拍摄《雾洒徽州一夜秋》,陆华春先生深入实地考察、构思。他选择的拍摄地点是小树林。他在晨雨中守候着,采用慢门2秒的拍摄技法完成了此幅作品。

作品《城市旋律》是他站在某银行八层楼顶上拍摄的。他选择下午6点左右的时间,俯视摄录苏州城内的交通主干道干将路上,下班高峰时刻车来人往的穿梭景象。作者把人行斑马线与车行线,视作一幅壮观的城市交响曲谱。

作品《太湖晚霞》是在一个夏日的傍晚拍摄的。他选择临近太湖的西山山顶的一个拍摄位置,像是一位坚守哨位的战士,手握相机,忍受蚊虫叮咬和太阳西晒,伏守在草地里,目视夕阳渐渐衔山,拍下了晚霞映照的粼粼波光和几条小渔船在湖中捕鱼的美丽画卷。

近年来,陆华春先生在各类摄影大赛中硕果颇丰,而在他成功的背后,更多的是他的默默付出。陆华春先生对创作的忠实与执著,对艺术表现手法的不懈追求,厚积薄发,必有一鸣惊人的成效。

我作为陆华春先生的同事,每每欣赏到他的新作时,无不为他的创作激情所打动,更为他那种毫无保留的,把创作体验传授给广大摄影爱好者的风尚所感动。这种与人共享的成果,不仅使他得到乐趣,而且也让影友成为最大的受益者。我把那幅金奖作品《雾洒徽州一夜秋》存放在办公电脑屏幕的首页,又把他的摄影精品收藏在我的电脑内,作为一种舒缓与调节身心的精神养料。

**摄影《太湖晚霞》**

# 作品要有创意
## ——观作品《战国简竹》有感

吴祥大是一位德艺双馨的紫砂高级工艺美术师,从20世纪70年代起制壶,至今已有40多年艺龄。在紫砂生涯中,他深研诸多名师技艺,集各派之所长,勤奋学习,锐意进取。作品《战国竹简》,荣获第三届中国工艺美术师精品博览会金奖。他创作的作品构思精巧,底蕴深厚,特别对各种高难度的方壶尤为擅长,并首创"抽拉式"壶盖、"三孔旋转式"壶盖。他用绞泥制作的各类造型别致的花式壶,极具特色,深得壶友喜爱。

"作品要有创新意。"这是吴祥大始终追求的目标。他在制壶中不断地推陈出新,常有新品新作问世,走进他的作品陈列室,就有一种与众不同、耳目一新的感觉。用他老伴的话说:"老吴的作品,别人是仿不了的;如能仿像,我重奖。"牛,是要有底气的;牛,更要以作品来说话。吴祥大的代表作《战国竹简》紫砂系列,是受到山东临沂银雀山汉墓出土的竹简本《孙子兵法》的感悟而创作的。《孙子兵法》共13篇,吴祥大以每一个篇章为

吴祥大《战国竹简》(计谋篇)

题材,创作一套茶具、两个系列,共 26 套。作品造型古朴,品味纯正,将文房四宝、兵戈虎符融于壶的造型之中。这两种题材融入了文武之道,含有一张一弛的寓意。壶把是"笔",壶中茶水为"墨",壶身竹简为"纸",壶托是"砚"。精妙的构思,使文房四宝在《计谋》篇中表现得如浑然天成。《作战篇》中,以古代的兵器"戟"为壶把,在拿壶时,犹如手握兵器,准备奋战沙场。

在制作中,吴祥大把片片竹简用绳子环环扣紧,表现出壶身的整体形态,运用紫砂工艺表现的绳子串孔、绳子结扣,逼真传神。这种独创技艺,印证了吴祥大的制壶功力。

难能可贵的是,吴祥大在每创作一件作品时,均要投入大量的时间,花费许多心血。有时为了构思一款壶形,他要冥思苦想多日,那怕在吃饭时、看电视时,甚至在睡觉时,只要灵感一来,就要投入制作中去。有时为了设计一张图稿,或为了使壶身的绳结表现得灵动、真实,或为了使壶身、壶盖融为一体,他要反复修改无数次。这种如痴如醉的创作激情、一丝不苟的工作作风是值得称道的。

吴祥大的这种创作热情,使他失去了许多谋利的机会,也失去了职称晋升的机会。相反,在当下壶潮涌动中,一些职称不低的名人、艺人,为了迎合市场的需要,追求利益最大化,不思进取,一味借助"名人"效应,仿制传统壶或抄袭、克隆他人壶样,有的请人"代工"批量生产。这种所谓的"名人"与其职称是不相称的,与其紫砂传人的创作精神是背道而驰的,与社会公德、良心相距甚远。

制壶如同做人,要真实、真切,因此壶品代表着制作人的人品。一件作品也同时代表一个人的身份、身价。当前,在紫砂行业的兴旺发展中,我们寄望大力弘扬传统的紫砂精神,形成蓬勃向上的创新氛围,也希望看到像吴祥大这样有创作能力的群体出现。

# 风景这边独好
## ——赏庞彦德树叶画

树叶,给环境美化增添光彩,给空气净化注入生机,给众多游客带来乐趣。树叶的用途是广泛的,植物界专业人士将各种树叶做成标本,供教学使用;游客好奇,采一片树叶夹在书里留做纪念;情侣以树叶制成礼品,传递爱意;书友把树叶当作书笺……人们对树叶的钟爱与好感,激起了苏州画家庞彦德的创作欲望。他突发奇想:以叶代纸,在树叶上创作各种题材的画景,那岂不更是锦上添花吗?

庞彦德有着40多年的国画功底。他以水墨山水扇面画见长,出过画册,办过个展,多次出访进行学术交流。转型树叶画,对他是种考验。他以执着的钻研精神,对各种树叶的特征、特点,做细致入微的研究。他深入到大自然中去,采集了许多千姿百态的树叶标本,如椭圆形、提琴形、菱形、矩形、扇形、心形、鹅掌形等,在做综合分类后,经过多道工序,如阴干、水煮、碱性脱脂,再做平整、防霉、装裱处理,保证原汁原味的叶状形态。他在创作每幅画时,先要做整体的构思,依据树叶的形态、经脉、厚薄、质地等,选择适合于画山水、园林,还是画花卉、动物等题材,尽可能地把握树叶的肌理效果与绘画风格的有机融合,彰显树叶画的独特魅力。

当苏州九大园林"申遗"成功后,他兴奋地创作出组画《姑苏名园甲天下》。他善于抓住每座园林的基本特征:虎丘以塔与剑池为构图要素;拙政园以回廊映照荷花池为秀美景象,狮子林以千姿百态的太湖石浓缩成气势雄伟的盆景,沧浪亭以亭台楼阁、小桥流水形成一幅立体胜景……

在水乡系列,作品《故乡》在一片梧桐树叶中勾画出斑驳的老房子、堤岸、石子路、围栏、古井,在柿子树旁有一池塘,池塘里一群鸭在戏游。一片树叶上浓缩了故乡的全貌。巧妙的构思、布局,点、线、面的结合,以及光影、色调的运用,颇有古风遗韵。

此外,庞彦德的花卉系列、动物系列也颇具特色,受到人们的喜爱。作品《荷塘月色》巧妙地在荷叶上描绘了中秋的夜晚,一轮明月挂在天空,在月光的映照下,荷花池里的金鱼,在睡莲中嬉戏,别有一番情趣。

庞彦德笔下的作品,不仅题材广泛,还能巧用树叶的肌理特征,画出国画、水彩、油画的风格与效果。

在树叶画系列中,最出众的是彰显园林风格的组画,若把它展示在大厅中,不愧是一道亮丽的风景线。

树叶画虽然不属于传统画种,或被称为雕虫小技的民间画,不登大雅之堂,但树叶画的横空问世,是对传统画的挑战。当下,许多画家能与时俱进,一专多能,敢于跨越画种,大胆实践,大胆创新。例如,上海著名油画家

**庞彦德树叶画**

魏景山,2017年6月参加在上海浦东图书馆举办的十人(庞彦德为其中之一)扇面画展。令人感佩的是,这位在20世纪七八十年代名扬全国的上海油画家,当年与油画家陈逸飞合作创作的大型油画《占领总统府》,成为当代油画的经典之作,被国家博物馆收藏。此次,他从擅长的画种油画改画扇面画,按传统习俗是不可思议的,但他迈开了这一步。他创作的扇面画别具一格,具有中西合璧的意味,给人以焕然一新的感觉。

庞彦德的树叶画,同样是从大自然中孕育出来的一个新画种。这一新画种最贴近民众,最有亲和力,也最易获得认同感。愿这一画种发扬光大!

# 创业成就事业
## ——记石海轩主人侯孝海

侯孝海,这位北方汉子,来自山东临朐。20世纪80年代,20岁出头的侯孝海,从农村闯荡到苏州。相对于同龄人,他更显早熟,更能吃苦。初到苏州时,他从事过摆地摊卖杂货、骑三轮送货、在卤菜店打工等多个工种。当时,他心中没谱,哪里有钱赚,就干哪档活。90年代中期,一次回家过春节,他无意中发现临朐老家是奇石产地,资源丰富,价廉物美,便考虑发挥地域优势,把各类奇石移植到苏州这片肥沃的文化热土上。他把奇思妙想付诸行动,在苏州花鸟市场摆地摊,专营奇石生意。之后,他有了一定的原始积累,逐步拓展业务,先后在上海、无锡、宁波设立连锁店。同时,与之配套的木制加工作坊应运而生,他聘请了十多位木工、漆工师傅,为各类奇石精心设计并制作座子,还特约运输、吊装工程队,做配套服务。

苏州是座享有盛誉的园林城市。自古以来,石在园林建造中占有一定的分量。奇石是大千世界的缩影,一石一景,一石一

侯孝海奇石馆

物,一石一天地。俗语有:山无石不奇,水无石不清,园无石不秀,室无石不雅。过去,苏州许多名园、名宅、民居的建筑风格,大多是前厅后院,院内垒石栽树,高档的院内建有亭、台、楼、阁,小桥流水。现今,这一传承依旧,在许多居民的庭院、客厅和书房内,甚至在阳台上,摆几块景观石、条案石、几案石,能起到点缀和装饰效果,颇有古朴典雅的韵味。

石海轩主人具有敏锐的洞察力和进取心。他不局限于一时一事的满足与功利,而是拓宽

太湖石《天狗》

视野,立志做大、做强、做精。他全年有一半以上时间用于走南闯北,寻石问路,各地有什么石源、奇石的品类、奇石的特点,他都如数家珍。根据市场和客户的需求,他经常跋山涉水,风餐露宿,深入高原、崖谷、沙漠,甚至到无人区,尽可能搜寻到有品位、有特点的奇石。有时应客户特约,他深入绿松石、孔雀石、灵璧石产地,走家串户,不厌其烦地寻找货源。为了建造石海轩景观园,他多次深入各地山区,寻觅了上百块大型景观石,小的几吨重,大的上百吨。而巨型石头从山区运出来,要依托当地村民修路、吊装和集装箱运输,期间的辛苦可想而知。但他如愿以偿,将各类巨石竖立在石海轩景观园中,成为一道亮丽的风景。

20多年的辛勤劳苦,播下了丰硕的创业种子。1998年,侯孝海在位于太湖之滨的旺山西麓建立了占地近10亩的石海轩景观园,园内展馆面积达2000多平方米,展示可供庭院、客厅、书房等摆设的各类奇石上万件。景区内还竖有各类大型景观石,主要提供给园林、公园、生态区和其他公共场所等美化环境使用。同时,石海轩还热情为客户设计和制作庭园,提供一条龙服务。

侯孝海是位与时俱进、不断进取的开拓者。知识就是力量,勤奋开辟未来。他善于虚心学习,接受新生事物。无论工作多忙,他总要抽出一定时间充电学习。有时为提高造园方面的知识,他采取请进来、走出去的方式,不断吸收知识

太湖石《回眸》

营养,提高自身能力。令人感佩的是,侯孝海设在苏州独墅湖月亮湾旁的一处近300平方米的会馆,馆内展示许多精品奇石,会馆中央放有一张大型的会议桌,定期邀请专家、学者为高端客户、石友作专题培训,传播园林文化、吴文化、石文化、佛教文化等。如今,侯孝海不仅是一位出色的奇石鉴赏家,而且是一位善管理、懂经营的创业者。知识的受益与支撑,为其事业的成功发挥了巨大作用,也为业务的拓展打开了渠道。

石是有灵气、有禅意的。奇石之美,在于那千奇百怪、多彩多姿的形态和坚实刚强的天性,能激发起人们对纯朴、正直和灵性的求取欲望。古人对奇石那种"透、漏、皱、瘦"的百般钟爱,今人对奇石的那种"禅意"或"石缘"的无尽眷恋,都体现出对石文化的赞赏。赏石、爱石、玩石、藏石,已渐成人们生活中的一种喜好。

建设生态文明,建立人与自然的和谐共生,是时代的需要。近年来,石海轩为顺应时代潮流,在业务拓展中,为国内许多博物院、园林、生态园、城市的道路等景观建设,以及为人们建设美好家园,提供了各类美石,为美化环境做出了贡献,也为人们带来了精神上的愉悦。

太湖石《盘锦》

辑二

# 创意与雕技
## ——翡翠摆件的品位

20世纪震惊中外艺坛的中国翡翠四宝——翡翠山子《岱岳奇观》、翡翠香熏《含香聚瑞》、翡翠花篮《群芳揽胜》、翡翠插屏《四海腾欢》,是由北京五四厂的能工巧匠耗费八年心血完成的。这四件瑰宝被我国文物鉴定专家杨伯达先生高度概括为:"各尽其美,其质色异彩纷呈,型饰丰富多姿,琢法奇异殊妙,风采卓尔不群,令观者叹为观止。"

在四件瑰宝中,被列入一号作品的翡翠《岱岳奇观》山子,原料高79.7cm,宽82cm,厚50cm,重363.8公斤,呈钝角三角锥状,老种,冰地,块大,绿多,料中有多道绺裂和两个薄梭,后面底子显一层油青色。创作方案自1982年11月开始,至1985年8月完成。这期间,专家组为确定主题,经过了反复论证,并按形态做成石膏、泥塑实样图型,依据产生的效果,最终的方案是以泰山为主题的大型雕件,经汇集国内一流高手的精心雕琢,圆满完成了任务。作品以泰山主峰

翡翠《花好月圆》

玉皇顶为标志,展现了泰山景观雄伟险峻、巍峨挺拔、群峰斗奇、异彩纷呈的气势。整件作品是立意与雕技完美结合的典范。

创意是翠雕的灵魂。在历年"百花奖"和"天工奖"的评奖作品中,创意要占作品分值的主要部分。一件优秀的作品,创意起着主导地位,而成功的创意彰显出作品的无穷魅力,体现出作品的一种艺术生命力。同时,它给人以视觉上的新颖感或冲击力,留下意蕴无穷的印象。

然而,创作是一种历练的过程,甚至是十分痛苦的过程。因为天然原石千姿百态,石质千差万别,石色五彩缤纷。创意是没有固定的套路可循的,也不是一朝一夕之工可以完成的。创意必须在掌握多种原料特性的前提下,依据原料的形、色、质、纹理等特点,运用美学中虚实相生的方法,创造出一种情景交融、韵味无穷、富有原创生命力的意境,使无形的原石变为形神兼备的杰作。

在我收藏的视野中,曾遇到过几件独具创意的翡翠摆件:

作品《花好月圆》。规格:长20cm,高26cm,厚5cm,豆青种带俏色,水头尚好。作品是依据料形来设计的,整幅画面以含苞欲放的牡丹花为主题,在夜色圆月的映衬下,三只鸟儿活泼地在树枝上唱歌。在圆月的左上方,一对鸟儿在欢快地对话。作者构图的精妙之处,在于充分运用原石的俏色,来构形布象激活画面,如一轮圆月巧妙套用了原石的翡色,而一对鸟的头部又利用了原石的金黄色。天然俏色在翠雕中的运用,充分体现出作品艺术价值的不可复制性。

作品《枯木逢春》,作者独具匠心地把一块翡翠雕成一根古树桩,从古树桩的腐朽木中,生长出颗颗鲜嫩的蘑菇,喻意垂危的枯木逢到春天,重新获得了生机。作者为衬托主题,把底座设计成古树桩,几只松鼠从桩洞中警觉地伸出头来,寻找食物。这反映出在大自然中,植物与动物的共生共存。

翡翠《枯木逢春》

作品《富贵祖

豆》。规格：高23cm，宽10cm，厚6cm，质地为老料绿翠豆种，材质细糯，光洁度高。作者是一位广东省高级工艺美术师。整件作品采取双面浮雕，将祖豆的局部用逼真技法雕琢出豆子、绿叶与藤蔓的自然感，使人感悟到豆林的枝叶繁茂、果实连绵。作者巧用料质中一点深绿色泽，在豆上雕了一只灵动的小甲虫，为作品添上了神来一笔，趣味无穷。作品寓意幸福绵长、蕴德高贵，祖豆藤蔓诠释为祖祖辈辈、世世代代、源远流长。

翡翠《富贵祖豆》

作品《七匹狼》。规格：长30cm，高12cm，厚8cm，质地为白底翠种。作者依据料形与颜色，把原石中的翠白夹色分为两个层面来布局，上下两层的白色分别以深雕与镂雕的方式，刻画了形态各异的上三匹和下四匹狼，表现了它们在山体中的自然生活状态。在用色上，原石的上部利用白色雕成云朵，表示天空，隔层中利用翠的俏色雕成松树及花草。整件作品布局合理，形象生动，栩栩如生。

一件完美的翠雕摆件，就是一件珍贵的艺术品，它的美感在很大程度上反映出作品的意境，而意境是评价一件作品成功与否的重要标志。

雕技是反映作品精、气、神的一个重要环节。有了好的创意，确定了作品的主题之后，怎样通过量料取材，因材施艺，使静态的原石变成动态的、活灵活现的艺雕作品，创作出富有立体感的作品，其主要反映在：一方面体现在作者的创作悟性。制作者在设计中要依据原石的形状特征来合理布局，在雕琢中发现石中有绺裂或杂质时，就要借助于某些技巧，做出局部改动或修正，使其不影响作品的效果。通常悟性强、有灵感的作者，把所雕的作品既符合原石天然成趣的特征，又突破一些俗套或局限。另一方面体现在雕技的功力上。雕刻水平的高低会对作品的艺术效果产生影响。高超的雕刻大师，无论是薄意雕、深浮雕，还是镂空透雕；无论是山水、人物、动物，还是花鸟、树木等，其手头都有几招绝活。例如，作品《花好月圆》和《七匹狼》，作者把形态各异的狼与鸟的毛发、爪尖、嘴喙等细节刻画出动态感,特别是在头部,能运用自然的俏色加之灵巧的雕技,刻画得出神入化。又如,台北故宫博物院的三宝之一——翠雕摆件《大白菜》,其雕工技法堪称一流。作者把叶子的茎纹能逼真地刻画出来,使一棵最普通的白菜,经精雕细琢后,显得栩栩如生,不愧是一件国宝级作品。

通过观赏大型山子巨作《岱岳奇观》,翠雕摆件《花好月圆》《富贵祖豆》等作品,我深感,一件成功作品的背后隐含着作者更多的艰辛与付出。然而,目前在市场上出现的翠雕摆件中"大路货"的东西太多,真正的精品则很少;即便看到有些作品原料较好,但创意一般,主题不鲜明,形体不生动,工艺太粗糙,很可惜,把好料浪费了、糟蹋了;还有一些作品造型很普通,没能体现原石的形态,反映出想要表达的艺术效果,毫无收藏价值。

可见,一件成功的作品,必须达到创意与雕技的完美结合。创意是作品成功的灵魂,雕技是作品的艺术展现。创意与雕技密不可分,相得益彰。好的原石、好的创意,加上好的雕技,才能形成好的作品,体现好的价值,显出永不衰竭的艺术生命力。

翡翠《七匹狼》

# 聚焦点

## ——从30万玉镯摔碎而引发的思考

网讯,2017年6月27日,一位费姓女士在云南瑞丽玉城的一个摊位上看到有只翡翠手镯特别漂亮,就拿起来试戴。店员告诉她,这只手镯要价30万元。于是,费女士赶紧把它摘下来还回去。不幸,意外就发生在一瞬间。由于费女士一手拿伞,一手夹包,一不小心,手镯掉地断成了两截。费女士因紧张而晕了过去。随后,商家和其他人把她抬到外面急救,确认无碍后,便进入了协商赔偿阶段。

协商赔偿,无论是书面,还是口头,焦点是价格问题。没多久,经瑞丽宝玉石协会的专家评估,该手镯价值18万元。此时,一石激起千层浪,引发了网友的广泛热议,议如此大的差价、如此大的利润,商家太黑了!还议商家没作明码标价,如此高价的手镯,随意给客户试戴,也不做保护提示,有"碰瓷"嫌疑;等等。正当热议时,费女士家乡传来信息,费女士丈夫9年前被车撞成了植物人,家人欠债凑了近100万元进行治疗,请商家予以酌情考虑……

有道是:黄金有价,玉无价。手镯定价,通常是商家依据进价的综合成本确定的,定价有一定的随意性,一件玉器,既可以定50万元,也可定80万元。买卖是自由交易,不是强迫的。摔坏或损伤,视情赔偿,也是天经地义的。至于费女士的赔偿能力,那要看商家的良心了。

此事件引出的关键性问题是,瑞丽宝玉石协会的定价是否合理合法?如果邀请全国十大城市的专家代表,或者故宫博物院的专家评估,评出的价格肯定不一致。就像《鉴宝》栏目专家给出的评估价,或司法鉴定的评估价,均是建议价,这就成了热议的焦点,定价根本没有"国标",即国家统一制定的鉴定标准。

翡翠产地在缅甸,进出口价是随行就市的。据知,翡翠鉴定可借助仪器,检测出 A 货、B 货、C 货,而对 A 货的等级标准无据可凭。如果有了"国标",定价就有了参考依据,钻石、黄金、白金、白银等贵金属,均有国际的等级标准。又令人遗憾的是,被称为国宝的海南黄花梨与新疆和田玉,目前也还没有"国标",以致在一些民事纠纷中无法可依,也让一些投机者在市场交易中以"替代品"鱼目混珠,严重扰乱了市场秩序,诚信缺失,令人担忧!

由此,建立有序、规范的文化市场,就必须正本清源,制定出行之有效的玉石鉴定标准和操作规范。这样,才能使艺术品市场逐步走上正轨,社会诚信体系得以有效保障,也可使瑞丽玉镯之类的纠纷在处理时,更有依据,而更少争执。

翡翠手镯　　　　　　　　翡翠挂件

# 闲话《虚位以待》
## ——碧玉笔筒的收藏

我喜欢笔筒收藏,其中木质类、瓷器类和紫砂类笔筒收藏了几只,但我还想收藏一只玉质类笔筒,以增加一个品种,同时,也换换口味,满足心理需求。然而,我在市场上寻觅了许久,却很少见到称心的玉质笔筒。经咨询行内人士,其主要原因是:玉料价格连年上涨,近十年上等的和田仔料已涨了上百倍,一般的玉料也涨了好几倍。通常好料是很少做笔筒的,即使用一般的玉料做笔筒,从投资回报而言,还存在对价格的接受度等问题。

我在高师指点下,委托玉友,经定向选料后,请人制作了一只新疆玛纳斯碧玉素面笔筒,规格为18.5cm×15.2cm×1.3cm。玛纳斯碧玉质地较硬,玉中会有菜花或部分黑气,颜色较绿,尤其在灯光照射下,呈翡翠深绿,适宜制作摆件,在碧玉的档次中,不及俄罗斯碧玉和加拿大碧玉,而与青海碧玉各有千秋。不管如何,能用大料制成素面笔筒已经够意思了。

然而,在素面笔筒中,又选择何种题材来雕刻呢?通常以典故为题材的较

**碧玉笔筒《虚位以待》**

多,如《竹林七贤》《西园雅集》《高山流水》《五子登科》等,而我在选题上,一时拿不定主意。于是,拜托苏州艺扬玉雕工作室的柴艺扬大师,由他为我的笔筒量身定做。

半年后,一件题为《虚位以待》的浅浮雕碧玉笔筒呈现眼前。整件作品器形较大,构图饱满,雕工精细,画意的主题表现为在山间的一棵大松树下,放了一张空置的太师椅,一位童子正对着太师椅站立,展开了双臂等待入坐。在太师椅的左边站着一位留有长须的长者。他目视童子,嘴里似乎在说:"大胆上坐吧!"这或许是在世袭制下,长者让位给小辈的一个举止。

据查,"虚位以待"一词,出自明代作者冯梦龙的《东周列国志》:"宁可虚位以待人,不可以人而滥位。"寓意是将高贵的位置留给尊敬的人,可理解为在用人制度上,应遵循"宁缺勿滥"的原则。从民主政治上讲,选人应在"三公一透"原则下进行,选出一位具有公信力的、能造福一方的领导者。而在商业上,虚位以待则流行于许多广告语和招贴画上,如一幅招贴画中画了金字塔式的台阶,顶端放了一张太师椅,广告语是:诚聘高人。另一幅招贴画上,画了林林总总颇具气派的大楼,房产商的广告语是:黄金旺铺,虚位以待;地产商的广告语是:至尊福地,虚位以待。

由此,虚位以待这一成语意义深远,应用广泛,如果把它融入到文化与艺术领域,或许会创作出更多、更好的生动活泼、寓教于乐的作品。

# 寓意吉祥
## ——岫玉摆件惹人爱

岫岩玉以产于辽宁省岫岩县而得名,简称岫玉。它属于蛇纹石玉,为中国历史上的名玉之一。发现于河北满城西汉时期中山靖王刘胜墓出土的"金缕玉衣"的玉片,大部分是用岫玉制作的。

岫玉属山料,资源较丰富,料型通常较大,质地致密、细腻、坚韧,有较强的蜡状或油脂光泽,呈透明或半透明,颜色以青绿为主,深浅不同。岫玉的最大特点是,既有玉的质地,又有翡翠的颜色。一件色彩亮丽、玲珑剔透、水头充足、工艺精湛的作品,尤如一件精美的翡翠玻璃种佳作。

岫玉最适宜制作摆件。长期以来,人们按照传统习俗,创作出了各类寓意吉祥的摆件,如吉祥如意、三羊开泰、富贵人生、年年有余、福寿双全、硕果累累等。一件既讨口采,又生动活泼的作品放置于家中,或是馈赠于亲朋好友,无形中会给人带来吉祥好运。这种预示或安慰也是对传统文化的一种追溯与继承。受之影

岫玉《岁岁平安》

响，我对其吉祥物作品，喜爱有加。

　　1996年，市场曾流行岫玉制作的各类摆件。当时，我出于好奇，托一位玉雕界朋友买了一件题为《岁岁平安》的作品。该作品规格13.5cm×23cm×9cm，是一件立体型花瓶。瓶身的布局是，在一棵古老的桃树上，粗壮的树枝盘绕着瓶体，两位活泼的童子，一位手捧硕果累累的仙桃，另一位则表现夸张地肩扛着一只大寿桃，笑容满面，神采奕奕，寓意幸福吉祥。瓶盖上雕有两只安祥的和平鸽，似在寿桃上喁喁私语，寓意生活平安吉祥。整个花瓶由两个半碗型雕件构成，合起来尤如一个大寿桃。这件作品布局周密，设计巧妙，创意富有情感。

　　2008年夏季，我去沈阳旅游，在古玩市场的一家岫玉专卖店，看到橱柜内摆满了许多岫玉摆件，其中一件题为《福窝》的作品吸引了我的眼球。不知何缘，该作品题材、画意、风格与《岁岁平安》有许多相似之处，或许是一种缘分。作品《福窝》，规格26cm×20cm×8cm，刻画了在一根粗壮的南瓜藤上，结下了圆润饱满的五只连体南瓜，并由肥壮的绿叶藤围绕着整体，寓意丰收之喜和五福满堂。在粗藤的分枝上又冒出一根细藤，下挂三只小南瓜，寓意子孙满堂，硕果累累。在连体南瓜的上方，有两只展翅的蝙蝠，寓意幸福美满。这件作品富有小康情结，表现出人们过着其乐融融的幸福生活。

岫玉《福窝》

　　在传统民间工艺品中，以吉祥为元素的题材很多。苏州桃花坞的木版年画，是民间工艺的一朵奇葩，代表作《一团和气》《百子图》已流芳百世；天津杨柳青年画极具民族风情，许多优秀作品人见人爱，代表作《庆丰收》流传大江南北；无锡惠山泥人具有江南风情特色，代表作《福娃》令人喜闻乐见。如今，这些流传多年的民间工艺品，仍然惹人喜爱。

从收藏的角度来说，我们不仅需要继承与发扬传统工艺品中许多优秀的题材，而且更要在表现手法上，体现深刻的文化内涵、个性化的特点，形成独特的风格，达到推陈出新的文化境界。这也许是艺术品与工艺品的区别所在。

　　作为一件有收藏价值的艺术品，不应是一味地去复制过去，或是简单地变点花样，也不是刻意去追求材质的高贵，关键是一件创意独特、工艺精湛的作品，使人一看就能吸引眼球，具有视觉冲击力，给人留下记忆。我认为这样的作品，或许有一定的收藏价值。

# 象形麒麟

## ——巧遇象形孔雀石

在收藏过程中,我对所要收集的藏品备加关注、琢磨,以用心、专心、细心的态度观察,以综合分析、评估的方法把握藏品的内在价值。如:我收藏的这尊象形麒麟孔雀石,启蒙于《中国奇石盆景根艺花卉大观》一书。一张由郭沫若先生收藏的题为《天赋之美》的孔雀石摆件图片,以及《珠宝翡翠》一书中登录的一幅孔雀石雕观音坐像(底座是白玉莲座,通高19.3cm),使我对孔雀石那绚丽丰富的色彩及其作品的内在价值有了较清晰的认识。

郭沫若先生是我国著名的文学艺术家、历史学家、考古学家、书法家,足见名人收藏名石,其文化艺术价值非同一般。而用孔雀石雕成的这尊观音像,跏趺而坐,手握钵盂,凝神闭目,形态安然。天然成趣的孔雀花纹在这尊观音的服饰上被大面积地展现出来,充分说明孔雀石的独特妙用,以及完美的艺术价值。我因而对孔雀石的"身份"特征又有了进一步的认识。

孔雀石是一种古老的玉石,有坚密细腻的质地、鲜艳的绿色与花纹。

孔雀石《大佛》

**孔雀石《象形麒麟》**

其颜色花纹很像孔雀尾羽,因而得名孔雀石。

孔雀石的主要成分是碳酸铜,它的图纹形状多样,常呈钟乳状、葡萄状、肾状、皮壳状、同心环带状等。孔雀石的颜色有浅绿色、艳绿色、暗绿色和绿蓝色等。好的孔雀石须具备色、形、质、光、纹"五要素"。其色,必须纯净,不夹杂质,才显素俏;其形,形态要完整,无论是山形、物形和象形等,要有一种美的形体感;其质,结构坚硬密实,有重量感,无裂纹和断口;其光,从任何角度观赏,均能看到折射出的银绿光泽,通常折射率在1.6至1.9;其纹,纹饰有规则的条纹、圈纹、兔脸纹、波浪纹等。

收藏初始,我不懂孔雀石鉴赏的"五要素",凭着激情,在苏州奇石展和沈阳古玩市场购买了两块山形葡萄状孔雀原石,只因形体感不完美,或是半面呈葡萄状,半面是粗砂状;或是部分葡萄状颗粒中有断口,且光泽又暗淡,结果被处理了。但是,收藏一块称心的孔雀石的念头,在我始终没有消除。

不出三年,在一次石展中,通过朋友介绍,一位石商从外地拉来了一车各类原矿石,我随之细心挑选了一块象形孔雀石和一块山形孔雀石。说来有缘分,其中一块象形孔雀石,初看很不起眼,但拿在手中一端详,其造型、神貌似狮子,更似麒麟。据说,这批原矿石是从南非转运来的,没想到,在乱石堆中,竟寻觅到一件宝物。

这块孔雀石长23cm,高18cm,厚10cm,为皮壳状与同心环状的结合体,结构坚硬密实,艳绿色,玻璃光泽,形态为同心环状圆圈组成的连体,成麒麟形。

孔雀石《绿色雄山》

为了提升这块原矿孔雀石的艺术价值,我托玉雕大师按其原石的形态设计了底座,并请红木雕刻师做了一只座子。一尊麒麟竖立在深浮雕云纹元宝座子上,犹如腾云驾雾在空中,充分显现出它的精、气、神。无怪乎,《论衡》记载:"麒麟,兽之圣也。"人们把麒麟当做护身符的象征。古代,嫁女多在春天,麒麟有蘖茸报春的本领,能给人们报春,带来子孙的繁衍,于是被人们取意为"麒麟送子"。一件作品,一个典故。而这尊麒麟蕴含着民间传奇故事,更赋予藏品以文化的内涵。

当下,孔雀石已成为宝石中的一个收藏门类。在市场上,通常山形的孔雀石较多,而要收藏一件带有寓意的象形原矿孔雀石,则极为不易。这尊象形麒麟孔雀石造化天成,妙不可言。真是天赐良物,吉祥无限。

# 天 蓝 之 宝
## ——绿松石《母子情深》

绿松石，被誉为四大名玉之一。古今中外，人们把佩戴绿松石看成是富贵与吉祥的象征。当今，人们在家庭的美化装点时，往往会选择一个合适的位子，摆上一块绿松石摆件，既能体现一定的观赏性和艺术性，又能给家人招来好运。

绿松石的品质以透明或半透明为最佳。绿松石的品种有蓝缟绿松石、磁质绿松石、铁线绿松石、斑点绿松石。颜色等级分为一蓝二绿三黄，以颜色均匀的纯天蓝色为最佳。在制作工艺上，绿松石的装饰品一般按材质来决定用途，上乘的绿松石用来制作项链、耳坠、手镯、挂件等，其次是雕琢人物、山水、花卉，再次是把块头较大、形态较好的原石配上座子后当做供石或摆件。

我与绿松石结缘是在2007年。一次，在苏州相城举行的大型奇石展前夕，经朋友介绍，我去一家客栈拜访两位从湖北来参展的石友。一进门，只见床上、地上摆放了从产地运来的十多块绿松石，每块石上都贴有重量标签。此时，我才知道原石是以公斤为计量单位的，论价主要是以质地、形状、颜色、重量为依据。我在朋友的参谋下，挑选了一块天蓝色磨菇造型、重量达19.6公斤的绿松石。该绿松石属磁松石，光亮如瓷，质地上佳，形体分别由大小不同的块状及葡萄颗粒组成，自然形态十分优美。

俗话说："好马配好鞍。"好的石头一定要配上好的座子，才能充分体现其形态美。为此，我费尽心思，画了图稿，请朋友量身定做了一只高脚束腰的如意款式座子，使这块绿松石显得珠光宝气，神韵十足。

此后，在上海沪泰路奇石市场，我又买了一块与上述那块非常相似的磨菇

**绿松石《母子情深》**

形绿松石。巧合的是,座子也是高脚束腰如意款式座子,只是形体小了一半多。这两块美石组合在一起,真可谓天缘巧合,我命名为《母子情深》。

在奇石观赏中,把两块一大一小具有相同要素的石头加以组合,要比独立的摆件更具情趣。这两块绿松石恰巧在形态与色泽上较相似,将之组合一起,使人在观赏中有一种亲切感与新颖感。

绿松石的自然美,可让我们从无象之石中,看到有象人生,从无情之石引出有情人生。此种意境,使人透过原石的表象美、质态美,感受到一种精神范畴的期待美、渴望美。

# 收藏新宠
## ——风情万种话碧玺

在盛世年代,收藏的种类与名目繁多,人们对收藏的花样、品位、档次的要求也越来越高。如有的收藏人士喜欢沉香、檀香、黄花梨、紫檀等;有的钟情于水晶、蜜蜡、琥珀、玛瑙等;有的发展到玩精品,如玉石、钻石、红蓝宝石、翡翠、象牙、犀牛角等。然而,当人们热衷于收藏有投资价值的宝物时,却忽略了一项极具投资潜力的品种——碧玺。

据文献记载,中国使用碧玺作为饰物以清代制品居多。慈禧太后就很喜欢粉色碧玺,把它作为皇宫里的珍品。在她的殉葬品中,就有一朵用碧玺做成的莲花,重三十六两八钱,当时的价值达七十五万两白银,其珍贵程度可见一斑。碧玺主要来自巴西,由于色彩绚丽、功能神奇,而被称为大自然中最风情万种的宝石,现今,已成为欧美时尚界投资收藏的宠儿。可以预料,它也必将成为我国女性佩戴、装饰的新宠儿。碧玺的佳妙之处主要体现在:

一是具有色彩丰富的装饰效果。碧玺被誉为"万花筒",又被誉为"带入人间的彩虹仙子"。颜色是直接判断碧玺价值的标准之一,碧玺的颜色要数西瓜碧或一块多色,且色泽明亮、晶体纯正为佳。在单色体中,红色、绿色和蓝色的价值相对较高,如果是带有猫眼的,则更是上品。在国际市场上,除了帕拉依巴碧玺外,一般鲜红色的、颗粒大的、净度纯的碧玺价值相对要高。碧玺色泽神奇的另一面,是能在不同光线的照射下,折射出深浅不一的色彩。碧玺也因颜色丰富,女性挑选的余地较大,不同年龄的女性,可依据服装和场合的不同,选择佩戴不同的手串、戒指、项链、耳坠、胸花,而彰显时尚、优雅、美丽的气质。

二是具有特殊的保健功效。碧玺也称之为电气石,是一种极为复杂的硼铝硅酸盐矿物。其中含有镁、铁、锂、钾、钠等多种元素,由于这些元素的含量和比例不同,对人体产生的保健疗效也不同。据史料记载,慈禧太后钟情于碧玺的一个原因是,碧玺是一种可以用作保健的晶石。碧玺能畅通血气,有助于心脏与血液循环,也可以对新陈代谢及腺体产生影响,从而有效地减轻压力,消除疲倦,改善身体健康状况。

**碧玺项链、手串**

三是具有收藏的保值增值性。随着有限的资源被广泛利用,人们对碧玺的认知度越来越高,求购欲越来越强,因此,高品质的碧玺也变得越来越珍贵。据说,现在要找到1克高质量的碧玺,要翻拣几十吨的矿石。市场上好的碧玺,每克的单价比黄金要贵得多,且每年的价格涨幅都在20%以上。20世纪90年代,巴西的帕拉依巴碧玺,国际市场价格为每克拉1万美元,精品要达到2万美元。这主要缘于帕拉依巴碧玺的产量,仅为天然钻石的1‰,美丽与罕见让它成为碧玺中的王者。2011年4月8日,在香港苏富比春拍中的一串粉红色碧玺朝珠,估价15万至20万港元,最终成交价达到102.7万港元,创造了碧玺拍卖成交价首次过百万的纪录。

目前,碧玺的市场价格,虽然与前几年相比升幅较大,但上等的碧玺仍有较大的投资空间,而热衷于碧玺的投资者,在选购时应本着"宁优勿劣、宁精勿粗、宁缺勿滥"的原则,注意从颜色、净度、比重、切工、款式等方面严格把关,使价格体现价值,做到保值增值。

# 机不可失
## —— 一件来之不易的水晶《元宝》

当下,受大环境的影响,艺术品市场持续萧条。许多艺术品有价无市,即便削价,也无人问津。而中低档的艺术品,则缩水近一成,许多经营者资金被套,忧心忡忡。

曾记得,"非典"时期,艺术品市场相当冷落,一些人急需资金周转,把好东西廉价出售了。我去浙江临安鸡血石市场,许多店铺内的鸡血石摆件、印章价位明显下降,其中一对牛角冻鸡血石对章,质地、图纹、血色均属上品,价格较优惠,如今市场至少翻了30倍。在苏作家具产地常熟、光福一带,大红酸枝、大叶紫檀的家具,因原材料下跌,家具价格比往日便宜很多,如按现价,至少翻了10倍。由此看来,机会往往是在市场萧条和人气惨淡中出现的。有道是:"过了这个村,就没那个店。"取胜的关键是:智慧和勇气。

近期,我经一波三折,以不菲的价格,在古玩城一家水晶店内,成交了一件取名为《元宝》的金发水晶摆件。一年前,我经朋友介绍认识了店主。初次来到店里,一件光芒四射的《元宝》水晶摆件吸引了我的眼球。我委婉地向店主询价,店主说:这是镇店之宝,非卖品。

不知为何,每次到店内,这件《元宝》水晶如同幽灵一样攫住了我的心。书上介绍,水晶是带磁性的,《元宝》的磁性每次吸引着我,成了一种思念。有道是:夜长梦多。不知哪天被人看中买走了,或店主急用资金变卖了,那不失去了一次淘宝的机会?

果然,一天在微信群里看到,店主有意出手变卖。我获此信息后,不失时

**水晶《元宝》**

机,果断出价,最终以三分之二现金、三分之一的代卖品折价相抵,正式成交。代卖品是半年前委托的,我按半价折算,店主是心知肚明的。我想,吃点亏也正常,毕竟是他家的"镇店之宝"。

这件水晶《元宝》的独特之处是,作者在设计时,利用独块金发丝水晶,构思成两部分,下部分呈长方形,制成元宝图形的聚宝盆,四周以阴刻钱币图案作线条。在聚宝盆的晶体内,天然形成的犹如兔毛的根根金发,从底部喷发而上,有财运大发之意。令人惊奇的是,在晶莹剔透的水晶体一侧,出现一颗树籽和一小片木块,据说是火山爆发形成的。人们戏言,晶体内如是昆虫,那更有价值了。

在《元宝》上部,作者设计了一只象形貔貅,巧妙地用金钱币与元宝相衔接,在其顶端突出位置刻了一枚大钱币,铭文"黄金万两"。这一设计略显俗气,也许是为开店铺的"土豪"量身定做的。

收藏这件水晶《元宝》,无意于它的珠光宝气和荣华富贵,主要看中的是,在这块天然水晶体内,结构的奇妙变化,以及这件作品的不可复制性。

# 天灵中的圣水
## ——神奇的水胆水晶

水晶玩件,常以晶体的品类、净度、颜色、图形等为等级标准,但有一种水晶另类,名为水胆水晶。它是在一块水晶的物体内,包裹在云母晶体里的水胆,兼有固、液、气三体的水胆水晶,十分罕见。

北宋科学家沈括,在《梦溪笔谈·异事》卷廿一中记载了一件奇事:"士人宋述家有一珠,大如鸡卵,微绀,莹澈如水。手持之,映空而观,则末底一点凝翠,其上色渐浅。若回转,则翠处常在下,不知何物,或谓之滴翠。"据考证,"滴翠珠"即水胆水晶。绀,是呈深青带红的颜色;微绀,为浅紫色。通常书中解释,水胆水晶,是水晶在形成过程中瞬间进入其中的气体、液体或石墨微粒,里面的液体是千万年来的"圣水",气泡能在液体中流动,谓之神奇。

我初次遇见水胆水晶是在一家水晶店内。朋友知道我爱收藏另类的东西,就推荐橱柜内一颗呈椭圆型的水胆水晶。顿时,我被这颗小精灵所吸引。

这颗水胆水晶,规格长 6.2cm,宽 3.5cm,厚

水胆水晶

水胆水晶

2.4cm,晶体透澈明亮。它的奇特之处,在于晶体内的中间部位,有上下两层云母块,类似发光的金属片。云母块内分别有两粒像油菜籽大的石墨微粒,长在圣水之中。拿在手中轻轻摇晃,水珠分合,左右游动,十分有趣。另一奇观是,这颗全包裹体内的两片云母体,在自然光的折射下,会色彩纷呈,令人陶醉不已!

珍品的诱惑是巨大的,收藏是无穷尽的,有时一激动就难以控制。我把这颗水胆水晶,通过微信发给东海专营水晶的小王,委托他在东海水晶市场找类似的或更为出奇的水胆水晶。果然,不出半年,小王来到苏州,带了一颗呈鸽蛋型的水胆水晶,规格长5cm,宽3.6cm,厚1.8cm,水晶体内有一颗拇指大的绿幽灵水胆。奇巧的是,在水胆中含有水、汽和微细流沙,其中流沙在水胆气泡中的一半,颇有"一瓶不满,半瓶晃荡"之意。这颗集固体、液体、气体为一身的水胆水晶,极为稀罕。这一宝物,当归属于我了。

收藏讲究人无我有,人有我精,人精我奇,人奇我独。收藏的最高境界是:追求极致。

# 章料的选择
## ——章料收藏趣谈

　　印章文化，博大精深。印章的载体——章料，在战国时期以铜质为主，亦有少量玉质和石质。秦汉至南北朝时期，仍以铜质为主，间有玉、金、银、铁、铅、陶、泥等。隋唐至宋代，印型渐大，一般仍以铜质为主，之后出现瓷、牙、角、玛瑙、琥珀等。明清乃至后期，则以花乳石为主，最具特质的"四大名石"（田黄石、寿山石、青田石、昌化石）为印石中的杰出代表。

各类章料

在"四大名石"中,每大种类按不同矿料、不同区域可细分出许多系列的品种,如田黄石中的金包银、银包金、枇杷冻、白田冻等,寿山石中的白芙蓉、白高山、艾叶绿、善伯冻等,青田石中的封门青、鱼脑冻、灯光冻等,昌化鸡血石中的牛角冻、五彩冻、藕粉冻等。从古至今,由"四大名石"所制的印章,曾分别被宫廷皇帝、国家政要以及许多文人雅士等使用和收藏,且在社会上流传使用十分广泛。

中国邮政总局曾分别发行过"四大名石"的纪念邮票、首日封、小型张等,足见其在社会上的重要影响。2011年秋,在福建东南拍卖行组织的一次秋拍会上,一枚重131克的田黄石素章,以人民币1184.5万元成交,平均每克9.04万元,创造田黄石单克最高价格成交纪录。在另一次拍卖会上,一方昌化大红袍鸡血石章料,拍出人民币156.8万元。由此可见,章料体现印章的价值是显然的。

**昌化石对章**

章料的选择,应注意以下几个方面:

一是选择有潜在价值的。现今大多仍以选择"四大名石"为主要对象,因为它在人们的使用过程中得到广泛的认可,尤其受到许多文人雅士的青睐。而且"四大名石"有相应的市场价格作比照,广泛的市场流动性交易,又大大提升了它的价值。此外,上等的水晶、碧玺、白玉、翡翠等,这些不可再生的资源性章料,潜在价值无限。尤其是上品玉与翡翠,近几年涨了几十倍,而上等的鸡血石、田黄石更是如此,故越是精品章料,增值潜力就越大。

二是选择款式与雕工好的。章料收藏,大凡以素面的方章、扁章、椭圆章、圆章、对章,或是质地好的随形章多为。此外,还要有上佳的雕工,雕工技法有浅浮雕、圆雕、透雕等,通常在章料上,刻有螭虎、麒麟、龟、狮、生肖等钮类图形较多,若再加上刻有名家的边款、图案等,则更有文化品位和收藏价值。好款、好工是体现章料的重要因素。

三是选择具有广泛用途的。通常,依据个人的喜好,章料应能自品、自赏、自用。如有的可把各类章料当做标本,既可陈放,又可作摆设;有的钮章、随形章,可当做腰配件和挂件来把玩;有的可与书画家、工艺师的作品作交换;还有的可作为馈赠品,如1972年中日建交,周恩来总理把一对昌化鸡血石对章作为国礼,赠送给来华访问的日本首相田中角荣。而寿山石、青田石的名家雕件,也曾多次作为国礼赠送来华访问的各国政要。

现今,年青人举行婚庆活动,若送上有象形图案的蝴蝶、金鱼、喜鹊、梅花等对章,加上名家刻有言简意赅的边款、铭文、印跋,颇有纪念价值。青少年上学,若赠送一方刻有边款内容的,如"永攀高峰"、"自强不息"、"前程似锦"等名言警句,对激励学生追求理想、奋发向上,颇有促进意义。赠印是一门学问,应使受赠者领略到:知其事,赏其印,如见其人;读其印,知其情,如见其人。

青田封门青

杜陵石对章

中国书画中的诗、书、画、印流传至今,四者之间相互渗透、相互滋养、相得益彰。过去,许多著名的书画家,不仅精于书画、作诗,而且,自己也会治印,使其作品到达更完美的和谐统一。现今,虽然在用印方面没过去那么广,对从事绘画的人士要求也不是很高。但是,印章在书画中的地位是不容置疑的,只要有书画的存在,就会有印章的存在。

2008年北京奥运会会徽的"中国印",凸显了中国文化传承与发扬的新境界,激起国人对"中国印"的重视与喜爱,提高了人们对历史文化、自然文化、人文情怀的认识。同时,也进一步引起人们对章料收藏的关注。

印章——小小方寸之间,包含着丰富的文化内涵,这或许是它的魅力所在。

# 不经意的转变
## ——不可忽略的高雅艺术

我原先对鼻烟壶不感兴趣,甚至带点反感,这主要缘于中学时代。一次,一位同学拿了一只鼻烟壶把玩,我好奇地去看。他打开盖子让我闻了一下,一股怪味直冲鼻孔。由此,鼻烟壶给我留下了"第一坏印象"。

鼻烟壶在"文革"时期属忌物。随意把玩,会被人讽为"封建遗风""小资情调"。如壶上或壶内画稍艳俗,则会遭到批判,严重的会遭不测。

鼻烟壶虽然是藏品中的一个门类,但一些叠加的不良印象,让我难以接受。无论是在古玩店,还是在拍卖行,朋友给我推荐,我均是不屑一顾。

印象也不是固化的,有时随着环境的变化,也是会改变的。一次,在一家水晶店里,正交涉一件名为《元宝》的水晶摆件,我偶被橱柜内一件亮眼的水晶鼻烟壶所吸引,经店主一番深入细致的介绍,我爽快地将其连同《元宝》水晶摆件一起收入囊中。

这件名为《秋声》的白水晶鼻烟壶,长方形,外方内圆,内胆像只暖水壶,内画是由画

鼻烟壶《秋声》

鼻烟壶《连年有余》

家雨石画的山水、花卉、虫草,采用的是写意画与工笔画相结合的技法,构思巧妙,画面丰富饱满。这件晶莹剔透的鼻烟壶有两个特点:一是在外形边角处,有一条细微的白幽灵晶体,从完美度上略显逊色。但是,它是鉴别真伪的"胎记",形同和田玉籽料带有皮色,难得一见。二是这件鼻烟壶还可兼当印章使用,而且是方准章。

说怪也不怪,收藏常会有心血来潮的时候。不到一个月,在一家水晶店,我又买了一件扁瓶式水晶鼻烟壶,落款为"连年有余"。内画是由石青画家画的十条鲤鱼。鲤鱼动态各异,在水中嬉游,活泼可爱。这件鼻烟壶构图巧妙,留出白水晶内三分之一的绿幽灵作为水草,用三分之二的白水晶内画鲤鱼,颇有匠心。

我收藏这两件鼻烟壶,有两层意思:第一,两件鼻烟壶各有特色,画工到位。且在壶身上,均留存白幽灵和绿幽灵的"天生胎记",买个放心。第二,收藏始于物,而止于怡情养性。收藏鼻烟壶,我又增加了一个门类,增添了一份知识。尤其学习了马毓鸿编著的《鼻烟壶收藏入门百科》一书,我受益匪浅。

鼻烟壶,是一门不可忽略的高雅艺术。鼻烟壶出身皇家,集皇帝万千宠爱于一身,一出场就争奇斗艳,让天下能工巧匠肠枯思竭,用上所有中华工艺美术和材质,以满足贵族们的需要。它是中华艺术的缩影,更是清代工艺的代表作。可惜,在国内,鼻烟壶长期被误解成街头纪念工艺品之流,难登大雅之堂。殊不知"墙内开花墙外香",海外果将其当成宝贝收藏和研究,深受国外顶级拍卖行和藏家追捧。我们应该调准中国艺术品投资收藏的望远镜,正视此蓄势待发的潜力板块。

# 走近南红
## ——南红收藏正当时

2010年8月1日《姑苏晚报》刊登了一篇文章：《又一块"疯狂的石头" 黄龙玉价格暴涨的调查报告》。报告叙述了产自云南龙陵县的黄腊石，缘何华丽转身为黄龙玉的幕后故事。调查报告中采访的石海轩主人侯孝海，每年走南闯北收藏石头，积累了赏石、玩石的丰富经验。

2009年，我曾在他的作坊里与他一起讨论过黄龙玉的特点与发展前景，他对黄龙玉的命名持有歧见，对价格的疯涨持有疑虑。而今，这般"狂潮"已消退，价格明显回归，一些追捧者也趋于理性，留给"被套者"更多的是反思。

艺术品收藏往往有它的风向标，继黄龙玉涨潮回落后，2011年，在市场上又出现了一种玉料——南红，一时引起玉雕界和收藏界的高度关注。

南红主要产地分布在我国西南地区的云南保山、四川凉山和金沙江

南红原料市场

流域等。云南保山是最早的产地,因所处地质环境的局限,矿料多绺裂,利用率低,资源也有限,在清代中期逐渐淡出市场。新矿四川凉山的南红料,产自海拔2500米以上的山体中,大多蕴藏在地表下2米至15米处,开采难度大,且多数原料外形呈"铁壳皮"、"麻壳皮"包裹体,选料时风险较大,往往在一大堆石料中,能发现一两块上等料已属幸运。

我与侯孝海曾分析过南红的品质与市场走向,一致看好南红这一玛瑙的派生物。它兼具玛瑙与玉的特性,是一种较有物质的原生料,主要体现在:

一是优雅温柔的红色。在汉文化传统中,红色历来代表幸运与吉祥。我国的国旗、国徽都以红色为主色,在各种盛大的庆典活动中,也大多以红色基调来布置会展、会馆,彰显喜庆氛围。在各地的民俗民风中,红色成为人们传统崇尚的颜色,如节日的门联、灯笼、鞭炮、服饰等,甚至人们身上佩戴的挂件、手串、腰佩、戒指等,也常以红色来寄寓吉祥如意、趋利避害的含义。在矿产原料中,南红的颜色丰富,如锦红、玫瑰红、柿子红、朱砂红、缟红等,雕成把玩品或装饰件颇显亮丽。

南红项链、手串、挂件

二是质地的特有性。质地是南红的重要指标。陈性先生在《玉记》一文中对南红如此描述:"体如凝脂,精光内敛,质厚温润,脉理紧密。"刘伸龙先生在《赤以永年》一书中,对南红玉质地评价:"一块好的南红,给人的感觉就像一块凝脂,油油糯糯。"南红与其他玛瑙不同,玛瑙的光泽外射,质地较生硬,有脆性,而南红的质地糯柔温顺,握在手里有厚重感,制作雕件与玉一样,细腻而有韧性。

南红雕件《金蟾》

三是艺术表现的多样性。经地质运动后生成的四川凉山南红,质地结构呈多种成分,许多火山料是埋在山体土层中的,外形呈鹅卵状、马铃薯状,外表皮大多为褐色和黑色,有的光滑平整,也有坑洼麻面的。在南红的艺术创作中,能充分利用玛瑙与玉的特质,以及颜色中的巧色与俏色的特点,可雕琢出天然成趣、令人意想不到的效果。如一位玉雕师在借助强光电筒选料时,发现一块外表呈鸡心状、薄壳铁皮带圈纹、内质细腻、颜色艳丽的南红料。作者为了保持原石的自然感,在一面皮壳处切开后,巧妙设计了两只富贵缠身的金蟾,作品生动可爱。又如一件题为《生命》的作品,作者利用一块外表皮呈褐色略带麻点的鹅卵料,一头开了个小天窗,露出锦红与乳白双色,作者构思一条盘曲的小龙,从龙蛋中破壳而出,突出了作品的主题。

近年来,由南红这一特殊材料制作的各类把玩件、首饰品,已成为市场的新宠,受到人们的青睐,一些优秀作品也将成为人们的投资收藏品。

# 友 情
## ——老邵引导我收藏鸡血石

1999年10月,我参加在杭州桂花山庄举办的金融培训班。金秋十月,秋高气爽,培训中心周围风景优美,又恰逢桂花盛开时节,我们生活在金桂飘香的环境中。这里距离龙井村步行仅十来分钟。晚间,我与几位好友一起散步去那里,有时还到农户家,喝杯用山泉水泡的龙井茶。茶香清远,回味弥久。

这次培训中,我意外的收获是结识了一位来自临安的老邵。临安昌化是鸡血石的产地,早已闻名遐迩,也是我魂牵梦萦的地方。

老邵对临安的风土人情了如指掌,就连鸡血石市场行情,也如数家珍。认识老邵,是我的荣幸,这段情义一直延续至今。

在培训的一个多月时间里,我每周末搭老邵的车去临安,除游玩景区外,就到鸡血石市场"采

鸡血石《随缘》

风"。老邵很讲情义,我每次去临安鸡血石市场,他总是热情相伴,并认真介绍鸡血石的品种、特征、优劣,以及鉴别方法等,让我少走弯路,较快掌握鉴赏鸡血石的基本要领。

鸡血石的优劣,是建立在质地的基础之上的。鸡血石的质地一般分五级,依次为透明、半透明、微透明、部分透明和不透明。石质的透明度越高,则质地越好,如极品中的羊脂冻、田黄冻、水晶冻、金银冻等。其次,还有牛角冻、栗黄冻、藕粉冻等。许多旱坑料,大部分是不透明的。在质地的基础上,再论血色。

血的颜色,正常的有鲜红色、大红色、紫红色、淡红色。在章料中,血色的占比依次分:六面为上品,尔后是从五面层降至一面。血形的状态,通常分六种,依次是大片状、条带状、团块状、形象状、云雾状、星点状。

**鸡血石对章**

鸡血石的质地和血色,是合二而一的。质地好,血色好,两全其美。质地差的,即便带点血色,看起来较僵,也没有收藏价值。辨别鸡血石,是一门学问,也是一种文化体验和一种鉴赏乐趣。

2002年春季,我与朋友一行,在老邵的陪同下,造访临安鸡血石协会资深收藏家汪先生的家。汪先生有40多年的收藏史,橱柜里摆满了各类鸡血石,他还从保险柜里拿出两盒精品章料,他说,每对章料要上万元。当年,一对精品章料要抵一套大的商品房,而一般工薪阶层的人,一年的收入,还不及一方上品章料的价格。故此,我们量力而行,选了几方价廉物美的章料。之后,又在市场选了几件鸡血石文玩,也算不虚此行吧。

临安是一块福地,几年来,我不仅游历了名胜古迹,品尝了山珍野味,深交了老邵这位朋友,而且,还寻觅了三件有代表性的鸡血石:

一件为藕粉冻鸡血石挂件。该鸡血呈云雾状,血色艳丽、鲜活,原是一块扇形料,经中国玉雕大师蒋喜设计,制作了一件仿古玉器中的"畚",配上南红项链,浑然一体,独具一格。另一件为鸡血石对章。质地为浅黄色,部分微透,鸡血呈条带状,血色红艳。曾经被朋友相中,欲物物交换,没舍得,后请朋友刻了一对一阴一阳、连珠组合的对章。还有一件为鸡血石摆件。质地微有牛角冻,血色呈团块状,部分透明。我给量身定制了一只紫檀木座子,放在书房的博古架上,带点"鸿运"味。

鸡血石历来为帝王将相和文人雅士所宠爱。它曾作为国礼,馈赠外国政要,风靡一时。我所收藏的三件鸡血石,算不了上品,只是满足了个人的收藏癖好。

鸡血石《畚》

# 石　画
## ——天然大理石的收藏

在矿产资源中,用原石加工切片后制作的石画,按其品质、颜色、纹理、图形等综合考量,属产自云南的大理石为首屈一指。

大理石是一种变质岩,由较纯的石灰岩或白云岩结晶变质而成,碳酸钙含量通常在95%以上。大理石富含有色矿物质,在各种合力作用下呈纹层、条带、团块排列。这些原石被开采锯面切片后,经打磨、加温上蜡、冷却抛光,构成了一幅幅变幻莫测的自然图画。这是大自然馈赠给人类的特殊物品。

大理石在古典家具制作中发挥了较大的装饰作用,如在苏州园林拙政园、狮子林、网师园厅堂内存设的画桌、太师椅、条案、翘头案、茶几等,许多面板和靠背是用纹饰精美的大理石片镶嵌的。在与之相匹配的家具陈设中,还摆放着由大石片镶嵌在紫檀、黄花梨、鸡翅木等材料制成的插屏、挂屏、地屏、台屏。这些摆件,给厅堂营造了古朴典雅的氛围。

现今,一些热衷于传统风格的人士,在别墅内的家具配置和物件摆设中,也继承了这一做法,尤其是这些由高档材料镶嵌的大理石摆件,在整体风格上浑厚稳重、美观大方,极富传统文化内涵,是一种具有潜在价值的艺术收藏品。近年来,明清时期的大理石台屏和挂屏,曾出现在艺术品拍卖会上,引起了收藏界的关注。

2003年春天,我到大理蝴蝶泉游玩,在工艺品市场,看到许多卖大理石的店铺。当时,大理石的加工技术一般,画框较粗糙,石片图案的截取略显逊色。我以石画的意境为选择标准,在一家店铺的角落里,看到了一幅酷似18世纪法

大理石台屏《雅韵》

大理石台屏《金秋的沼泽地》

国印象派画家莫奈的油画《睡莲》。此画色彩绚丽多姿,色调凝重,又富有质感,沼泽与水融合于一体,栩栩如生。之后,我把它换成油画框,命名为《金秋的沼泽地》。

2010年春天,苏州举办华东地区奇石展,我觅到一幅大理石水墨山水画。此画似用清晰淡雅的墨色,简练地构画出一幅天与地、山与水融合的自然景象。我给它命名为《雅韵》。

把上述两幅画作比较,则是两种不同风格、不同色彩、不同情调的作品,但其共同点均是天然成趣和不可复制的艺术珍品。

令我大喜过望的是,几年前,一位好友从云南出差,给我带了一幅象形大理石猫画,此画在墨绿基调色中衬托出一只活泼的白猫,整幅画面黑白对比度分明,形似一幅水印木刻画。我给它命名为《猫趣》。许多好友看后惊叹:在石画中,能看到这么逼真的动物画实属少见。难怪,在收藏圈中,人们把大理石中的动物画视为上品。

**大理石台屏《猫趣》**

收藏是一种缘分,当你刻意去收藏时,往往得不到;当你不经意地在生活中得到一幅好画,这就叫缘分。石是通灵气的,我能收藏到几幅精品石画,或许是借了石的灵气。还令我感到愉悦的是,收藏石画可以把你带到那造化所设的神奇世界,让你在轻松快乐中了解石画的内涵,享受石画雅玩的乐趣!

# 美 砚

## ——红丝砚的收藏

在砚的鉴赏中,约定俗成的"四大名砚"是:端砚、歙砚、洮河砚、澄泥砚。殊不知,红丝砚在唐宋时期曾名重一时,名列诸砚之首。唐代大书法家柳公权,宋代状元苏易简,文化名人苏东坡、欧阳修、米芾以及清代乾隆皇帝等,对红丝砚都极为推崇。近现代名人赵朴初、启功等也钟情于红丝砚,题诗词、赐砚名,评品甚高。

红丝砚最早产于青州黑山。黑山红丝石最迟于唐中和年间(881—884)开采。宋人高似孙《砚笺》云:"石工苏怀玉言,州西四十里,山盘折而上,五百余步有洞,狭容一人,洞前大石攲悬,石生于洞之两壁,上下青赤石数重,中有红黄石如丝,洞口绝壁有镌字,唐中和年采石所记。"时至今日,黑山红丝石已绝迹,现今的红丝石则出自临朐老崖崮,但矿产资源也有限,若要寻觅一块极品砚材极不容易。或许,资源的稀缺和存世量的少见,是红丝砚被澄泥砚取代的主要缘故。

红丝砚《素池砚》

红丝砚色彩绚丽,纹理多姿,石质细腻,润如凝脂,发墨如油,润笔护毫。一方上品的红丝砚似彩霞萦绕砚面,外观呈现富贵气质,故又被称为"美砚"。收藏一方上品的红丝砚是我多年的夙愿。

红丝砚《松亭砚》

2008年,我曾在一家拍卖行见过一方清朝素款长方形的红丝砚,砚面有些古旧斑驳,形状还可以。朋友说,此砚因定价过高而流拍,若喜欢可与委托人协商。经权衡,考虑到品相欠佳,放弃了。

2011年夏日,我的一位朋友去临朐出差,于是,我委托他设法在产地代购一方红丝砚。这位朋友对文房四宝较懂行,平时也擅长篆刻与书法,而且对艺术品有一定的鉴赏水平。那天,他几乎转遍了整个临朐奇石市场,也没看到称心的红丝砚。或许是红丝石的资源枯竭使然,或许是运气不好没碰到精品。傍晚,眼看商店正要打烊,我的朋友颇费周折地联系到一家专营红丝砚的店主,在店内相中了一方题为《素池砚》的红丝砚。询问其价,店主不予理会。原来此方砚是从拍卖行流拍后,刚拿回来的。此刻,我接到朋友发来的手机图片后,顿时眼睛一亮,当即表示力争搞定。经反复协商,终于成交。同时,我又委托朋友买了一方题名《松亭砚》的红丝砚。

红丝砚《素池砚》为随形砚,规格33.5cm×18.5cm×3cm,大小厚薄匀称,砚面为红底,黄色云纹与丝线呈行云流水状贯通砚身。砚的设计是依据整块料形,四周绕边线,内为砚池,同时,在砚的左右上角处,按砚的纹路走向和颜色,巧妙而简洁地雕刻了云纹,与砚面的自然云纹相呼应,显出灵动之气。

红丝砚《四方砚》

红丝砚《松亭砚》为随形砚,规格18cm×12cm×5.6cm,砚石厚实,砚面呈现大红袍色,细品则会发现在红色中含有浅黄色刷丝,如潺潺流淌的水,砚的右下方雕有一棵古松,松下有个亭子。这两方砚,厚重圆润,色质纯,质感细密润泽,抚之如凝脂,红底中托现出柑黄色云朵与刷丝。

此外,我在这位朋友家中,还欣赏到一方黄底红纹的刷丝《四方砚》,以及一方红底黄纹的老坑《箕形砚》。这两方砚质地细腻润泽,纹理清晰美观,制作简约精致,不愧为砚中精品。

红丝砚《箕形砚》

砚是一种文化,中国传统书画的继承与发扬,为砚的生存奠定了基础。从古到今,许多书画家对用砚、藏砚十分讲究,一生中为能拥有一方珍爱的砚而备感自豪。

一方好砚,不仅能体现出一定的实用价值,而且能展现出深厚的内在价值。红丝砚以质地细腻、色彩艳丽和变幻莫测的纹理著称,是其他砚所无法媲美的。

当今,砚的发展不仅限于它的实用性,更注重于它的材质、造型、纹理、图案、雕工等,一方美砚往往能给人以精神上的愉悦和享受,同时,也能给人传递一种幽远的文化气息。红丝砚犹如中国红,给人吉祥欢乐,拥有一方赏心悦目的红丝砚,犹如喝了一瓶年代久远的醇香酒,能激荡起书画家的灵感,继而创作出美丽动人的画卷。

# 天然成趣
## ——战国红玛瑙收藏琐记

战国红玛瑙刚登陆市场时,很快搅动了我的心。多姿多彩的天然图案,折射出大千世界的美妙景象。出彩的是,在一块玛瑙中,会呈现出多幅画面,时而又画中套画,特别是艳丽的色彩,极具诱惑力。初次介入,出于好奇,我搜罗了一些挂件、手串和配料等。之后,见识渐增,转而步入高端路线,几经寻觅,自鸣得意地收藏了几件喜爱的玩品。

第一件是战国红玛瑙牌子。2015年,这年冬天是四十年一遇的寒冬。正月初五上午,是古玩市场节日的第一天开业,市场显得非常冷清,摊位仅是往常的十分之一。我出于休闲、健身,顺便领领行情的目的来到市场。当走到河边的一处战国红玛瑙摊位时,只见父子俩蜷缩在寒风中等客上门。在摊位上,我看到一块耀眼的牌子,询价,儿子操着一口扬州话说:"大寒冬,家境困难,急于出手,对折!"说是对折,其价也不菲。我是纯属喜欢,又出于同情和善心,不还价,即成交了。

这件牌子很有看点。牌面分三个层次,边框以黑缟为基调,中间层为似雪花般的白水晶,内层是以红黄相间的色调构成的火焰图案。神奇的是,在黑缟边框

战国红玛瑙《冰与火》

内,镶嵌着银色的缠丝,犹如红木台屏中镶嵌的银丝图案一样漂亮,真是天然成趣。

战国红玛瑙《甲骨》正面

战国红玛瑙《甲骨》反面

第二、第三件是战国红玛瑙挂件。前一件是在一家专卖店内购得的。店主操着一口东北话,以"一口价"招揽客人。我相中的这件水滴型挂件,其奇特之处是,挂件图案正面呈甲骨形并由多色调组成,每种色调构成的线条,或缠丝多折角形,或扭曲形,或锐角形,线条适中,还有圈点、纹路的过渡。挂件的反面呈菱形图案,以白缟与咖啡色为基调,图案中有不规则的线条和圆点。挂件质地细腻,图纹清晰,色彩淡雅,难得一见。我与店主爽快成交。

后一件是在一次博览会上购得的。一位来自水晶之乡的东海人,在水晶摊位摆了战国红玛瑙玩品,我被一件呈扁鼓形、红黄底色中带有草花纹的战国红玛瑙挂件所吸引。出奇的是,画面中有一幅象形"猫头鹰"图案,形象生动、可爱。第一天,我出心理价,他舍不得卖,我也不刻意要买,但心理还是牵挂。撤展当天下午,我去碰运气。果真,这只"猫头鹰"对我有缘分,等我来请。摊主见我诚心要,就低于原价让给了我。我是在"买涨不买跌"的市场中,淘到了这件玩品。

战国红玛瑙《猫头鹰》

第四件是战国红玛瑙印章。小刘是内蒙古人,专营战国红玛瑙,经常走南闯北,苏州是其营销点之一。我们是打了不少交道的老熟人了。那天,他拿了批新货从外地赶到苏州。获此消息,我捷足先登,在约定的宾馆停车场与他见面,他拿出三包用蛇皮袋装的战国红玛瑙,摆在自备的折叠架上,供我挑选。我一眼看中了一枚别具一格的印章,还选了几块挂件料混搭在一起,组成一个"小包",一口价成交。北方人豪爽,如果单选一枚印章,或许买不到这个价,这也是一种生意策略。

战国红印章

这枚印章六面以红色为基调,顶部红色,雅称"鸿运当头",底部是多彩图案。印的四面,其中一面似是一条游动的金鱼,另一面为天然成趣的草花,其他两面是不规则的紫罗兰图形,又有"紫气东来"的意味。这枚印章的吸纳,使我在章料收藏中,又增添了新品类。

第五件是战国红玛瑙手串。周日,我与朋友来到古玩市场,一位东海人主动向我推销几件战国红玩品,一询价,卖主声调很高:"全是精品,不缺钱是不会出手的,现打六折,任你挑选。"我看中一件手串,似在网上见过,原价要高出一倍之多。我说:现市场低迷,五折成交。于是,在朋友的相助下,双方达成一致。

战国红玛瑙手串

这件手串,由13粒同料圆珠串成,每粒圆珠直径1.8cm,以红黄色为主调,每颗圆珠由规则的缠丝环绕,质地细腻,色彩艳丽,光洁度好,无瑕疵,属上品。无怪乎卖主临走时还说了句:几年后你会感谢我的!

战国红玛瑙,无论是北票料、浦江料,还是宣化料,只要质密度和油润度高,色彩丰富艳丽,缠丝纹清晰,图案出神入化,均值得收藏——毕竟是不可再生的天然资源。

战国红玛瑙是当下收藏品类中奔腾冲撞的一匹黑马,这匹黑马能跑多远,无法预料。不过,任何藏品,最终要经得起时间的考验。

# 相　　石
## ——黄腊石《珊瑚》《狮子》一得

　　选石尤如相对象。当你打定主意、明确了目标后,你就要适当地做些功课,对所选择的石种、类型、用途、价格等有一个基本的定位。

　　石头林林总总,千姿百态。不同的相石者,由于其审美情趣、文化素质和生活经历的不同,就会有不同的选择标准。如一块貌似普通的石头,在常人眼里不屑一顾,甚至成为绊脚石被一踢了之,在有心的相石人眼中,则可以化废为宝,配上量身定做的座子后,变成一块身价不凡的"宝石"。

　　相石或许是人与石的交流、沟通,相石者在感悟石的美与韵,通常离不开对石的形态、质地、色彩、纹理的审视,从中取其精华,舍去糟粕。如"四大名石"中太湖石、英石,要体现皱、瘦、漏、透,灵璧石要体现质奇、色奇、声奇;昆石要体现晶莹剔透;现在流行的黄腊石,则要体现润泽细腻,玉质感强。总之,了解石的特点是相石的基础。

　　随着时间、市场的变化,相石者的认知度和审美观也在改变。黄腊石原先在市场上的认可度有限。近年来,人们受到黄龙玉的影响,一阵疯狂的石头把黄龙玉炒得飞飞扬扬,原本属于黄腊石范畴的石头,一夜间华丽转身,变成了黄龙玉,价格翻了无数倍。当地农民"靠石吃石",一夜暴富者甚多。

　　人们在失去理智后醒悟过来,猛然认识到:是相到了石,而不是玉,此刻价格的潮落,属理性回归。如当时按玉的价位相中者,则缩水几十倍,也在情理之中。尤其是个别食利者,把极品黄龙玉充作青田灯光冻,或是寿山的田黄来出售,便会使一些痴迷的相石者走眼吃药,教训深刻。

我结识黄腊石是在十年前的一次机遇。一天,我与朋友到"石海轩"去玩,偶尔在一间简陋的展示室内,从木架上看到几十块配好座子的奇石,当时我连石种都不懂,纯属出于好奇,相中了其中一块形似狮子的黄腊石。这块黄腊石规格25cm×18cm×15cm,金黄色,石质坚硬,石体满布皱纹,凹凸感明显,突显出狮身的肌理效果,是块象形原石。结果以合理价成交。自从有了这块象形黄腊石后,我对黄腊石的形成、分布、产地、种类、特性等,有了更为全面的了解,并关注起黄腊石的收藏动态。

今年春节过后,石海轩主人从广东、广西进了一批黄腊石,其数量、种类较多,故选择余地较大。我凭数十年对黄腊石的知识积累,相到了一块配有座子,体形较大的广西三江黄腊石,规格105cm×48cm×35cm,分两层座子配制,总高为180cm。该石整体外形呈树叶状,石面呈珊瑚波浪纹,具有皱、漏、瘦的特质,颜色以黄色为基调,部分呈绿色、灰色相融合。由于该石长年受江水冲刷与物体的侵蚀,颜色、结构、纹理等变化丰富,在质地上,有的部位石质通透,有的半通透,有的略透。你站在不同的角度,可品味出不同的石韵。

黄腊石《珊瑚》

在收藏中,能相到有这么完好的造型,这么多彩多姿,而又这么大型的黄腊石,实属少见,也属缘分。为此,我将其安放在客厅的最佳位置,在灯光的照射下,这块黄腊石显得神采飞扬。

相石,是一种机遇、缘份,是一种审美情趣,更是一种知识的积累。相识一块自己满意、大众共认,并极具收藏价值的雅石,也是生活中的一大乐趣。

**黄腊石《狮子》**

# 石　道
## ——话说太湖石

太湖石在历史上久负盛名,被列为"四大名石"之一。太湖石以"瘦、透、漏、皱"为特征。太湖石是建造园林、装饰庭院的主要材料,也是藏家钟爱的玩石。

正宗太湖石的产地在苏州、无锡、湖州太湖流域一带,尤以苏州洞庭西山一带出产的太湖石最为出名。明代造园家计成在《园冶》一书中对太湖石描绘:"苏州府所属洞庭山,石产水涯(水边)惟消夏湾(原吴县洞庭西山)者为最。"在古今园林建造中,最具代表性太湖石有:被列为世界文化遗产,有"中国第一假山"之称的苏州环秀山庄;有极具假山特色的苏州园林沧浪亭和狮子林,以及有江南"三大名石"之称的苏州留园内的冠云峰、苏州第十中学内的瑞云峰。古语曰:"无园不叠石,无石不成园"。太湖石,在苏州园林中扮有重要的角色,是一道不可缺少的靓丽风景。

随着生活水平的提高,人们对赏石、玩石的需求日趋增多,并呈多元化、个性化的趋势。我与太湖石的结缘,是在十年前的一个春天,一次

太湖石《神韵》

太湖石《搏浪》

与朋友去苏州旅游胜地三山岛,拜访知名人士朱能养老师,顺便想寻觅一块有收藏价值的太湖石。朱老师是养植杜鹃的高手,他家院子里各类盆栽的杜鹃花争奇斗艳、美不胜收,我们边品茶边赏花,同时闲谈起玩赏太湖石的一些趣事。午间,朱老师请我们到邻居家共进午餐,就餐时,我不经意间发现,在距客厅3米外的一棵树下,有一块形状较好的太湖石,心想:这正是我要寻觅的水太湖。饭后,我端起这块富有灵气的太湖石爱不释手,难得主人割爱,石归我有,可谓不虚此行!

目前,在市场上大多是广西或安徽的太湖石,且山石料的居多,而真正造型好的水太湖已不多见了。原本我对太湖石的认识仅是初浅的,自从我与这块太湖石相交后,我更专心致志地关注起太湖石来。依照计成在《园冶》一文中对太湖石的描绘:"性坚而润,有嵌空、穿眼、宛转、险怪势。一种白色,一种色青而黑,一种微黑青,其质文理纵横,笼络起隐,于石面遍多坳坎,盖因风浪中冲激而成,谓之弹子窝,扣之微有声。"我所收藏的这块原汁原味太湖石,规格为41cm×25cm×25cm,该石不仅符合上述特征,还在青灰色石皮上,布有清晰的白茎肌理,可谓地道太湖石!配上一只如意纹座子后,命名为《搏浪》。整体形态似一个垂头下弯的浪头,又似一朵浪花,很有特质。

常言道:山有石而奇,水有石而清,园有石而秀,人有石而雅。自从得到这块《搏浪》的太湖石后,我便一发不可收。不久,又去三山岛寻宝,在一家农户的大院里,收藏到一块颇具特色的太湖石,命名为《恋山苍色》。该石属水中"籽料"呈独块山型状,规格为38cm×18cm×12cm,与太湖石《搏浪》最大的区别是,石头表面除布满鱼鳞状波浪,还夹杂着不规则横条线块状的硅质岩。这是石头长期浸泡在太湖中被湖水溶蚀而成的。两种岩石层叠累积,呈现出粗犷中见细腻,细腻中见风骨的特点。

一次,我又在苏州石海轩收藏到两块上品太湖石,一块是配有高脚如意纹座子,产自南京附近的红太湖,规格为55cm×110cm×50cm。经整体观察后,命名为《古韵》,这块红太湖石,突显太湖石的四大特征,且层叠切面的印痕明显,或许是地质运动,使这些碳酸盐岩角砾被溶蚀后,留下许多空穴、皱纹、斑驳,石质成深色暗古铜色,显得端庄沉稳,是难得一见的精品。另一块配有高脚如意纹座子,命名为《神韵》的广西太湖石,规格为70cm×105cm×60cm,石质灰色,由石的多处大小洞形成的自然状态,方显空灵、大气、端庄,富有神韵。

太湖石自古有"无言的诗,立体的画,凝固的音乐"之说,如今生活在苏州这座江南园林城市里,许多收藏爱好者,无不为拥有一块称心的太湖石而感到愉悦,并以不同的形式,表达对太湖石的珍爱,如人们在中式别墅入院正门的案桌上,放盆大型水景太湖石,以彰显气派;在大堂正中的一张老红木条案上,放块有气势的太湖供石,以显端庄;在书房的几案上,放盆与文竹组合的太湖石小景,以显优雅;在庭院内竖一块太湖石立峰,并有竹子映衬,更显生气盎然……

太湖石《古韵》

# 美在自然
## ——从硅化木到树化玉

硅化木

当硅化木刚进入市场时,人们感到惊奇:树木经地质运动后怎么变成了石头?出于好奇,有些人把它当作标本收藏,有的把它当做奇石收藏,有的甚至把它当做活化石收藏。而对有心人,在收藏一件物品前,最好做一番功课,掌握起码的知识,了解物品的来龙去脉,这样才有助于提高鉴赏品位。

硅化木是在漫长的地史进程中,大片原始森林被巨大的自然力量埋于地下,在高压、低温,并且无氧环境下浸泡于二氧化硅的饱和溶液中,树木中的碳元素逐渐被二氧化硅替代,部分保留了树木的某些原有特征,纳入围岩的某些矿物元素而形成的。

最早进入市场的硅化木大部分来自新疆。之后,内蒙古、辽宁、浙江、云南等地相续发现了硅化木,并涌入了市场。我所拥有的一根硅化木产自蒙古,据说是随煤车运到国内的。该硅化木长80cm，直径25～30cm，由于长久埋藏于地下，受地质运动影响，在围岩矿质二氧化硅溶液和其他金属化合物的作用下，使矿质在不同条件下，渗入树木的细胞中，从而形成不同质地、不同色彩的木化度。这根硅化木的树心留有一个空洞，局部已质变成玛瑙状。硅化木的外表留有一层厚实斑驳的木皮，质地坚硬，形状苍古，纹理清晰，整体挺拔，色质暗褐，配上座子后细细品味，颇有一番树变石的奇妙感。

当硅化木的收藏兴犹未尽时，又一种新品——树化玉横空出世。树化玉是在缅甸被发现的，它犹如翡翠一样，是当下质地好、颜色丰富、透明度较高的一个石种。树化玉是硅化石的演进，它是在温压不断变化过程中，硅化木发生差异动力变质作用下的重新结晶。其主要成分转换为蛋白石玉髓，表现为玉化质地感强、透明度高、色彩艳丽。出于好奇，我在朋友的推荐下，买了一块配好座子的树化玉。

这块古柏皮状的树化玉，高106cm，宽28cm，厚4～12cm。最大的亮点是，在刷丝纹树皮的中间部位，有一处大的树瘤结巴，像一张饱经沧桑的大鬼脸，又像一老鹰张大的嘴。玛瑙质地，颜色已分化成土黄与橘黄，竖形切面纹理华丽，灵光闪动，色彩从内而外映出，显出原生态的自然美。

树化玉

树化玉在市场的出现，使硅化木逊色许多，这犹如黄龙玉的疯狂炒作，把黄腊石冷落一边一样，市场出现了一升一降、一热一冷、一高一低的现象。

树化玉属不可再生的稀有化石，大量埋藏的古木能够形成硅化木的不到百分之一（大部分被腐蚀、煤变了），而能够形成树化玉的，又只有硅化木的千分之一。极品树化玉完全可以与翡翠媲美。更为奇妙的是，树化玉在各种自然条件的影响下，会出现年轮、漏透、镂空，甚至在玉质中会出现昆虫，这种千疮百孔的奇特形状，是翡翠所无可比及的。

硅化木与树化玉具有极高的考古价值、观赏价值，它的美在于似木而非木，似石而非石，似玉而非玉。它是集木、石、玉于一身的奇特珍品。

# 天 然 盆 景
## ——意趣高雅的九龙璧

九龙璧产于福建漳州市华安县九龙江一带。在明清两朝,九龙璧已被采撷并作为晋京贡品,现北京故宫博物院仍有珍藏。民国初期,岭南大学教授黄仲琴在《华安观石记》中曾预言:"璞石长理,其留有待。"直到1990年,九龙璧被评为中华十大奇石后,这一预言才引起奇石界的关注。

九龙璧作为奇石的一个品种,涵盖了奇石中形、色、质、纹、韵的主要精华。它质地细腻,结构致密,有单色或多色组成的条带状、条纹状等,尤以多姿的山脉、山峰、峡谷等自然形态,在多彩色调的映衬下,显得山峦起伏、意境深远、气势磅礴,颇有观赏与收藏价值。

除玩赏原石外,九龙璧的最大特点是可作为天然盆景观赏。这种盆景也被当地称为"切底盆景"。由于地形地貌的自然变化,一些河流因水干涸而露出河床底下的山形山貌。许多景观上部优美,下部较笨重或石的底部面积太大,于是,人们采取切割的办法,将上部切下后制作观赏盆景。现在有人潜入到河底,勘探形态好的石头进行切割,以供市场需求。这类"切底盆景",通常分为木底座式景观石与水石盆座式景观石两种,现市场较流行的大部分是配好木制底座的切底盆景。座子是依据不同形态形貌量身定做的,好石配好座,才能产生锦上添花的艺术效果。

我从小就喜欢盆景,在中学时曾自制过苏式水石盆景,当时,朋友从广西桂林带来几块吸水石,自己特地到宜兴去配了一只紫砂盆,还从花鸟市场上买了些小配件,参照书上的款式,自得其乐地做成了水石盆景,自我感觉还不错,受到家人及邻居的称赞。这盆水石盆景,一直成为点缀我家的装饰品。然而,当我玩赏了九龙璧盆景后,这种自然纯朴的美,无形中吸引了我。由此,经过挑选,我更新了几盆有特色的天然盆景。

一盆命名为《湖光山色》的九龙璧盆景,规格为78cm×40cm×30cm,整块原石呈墨绿色,形态优美,变化起伏较大,纹理交错,山脉中出现蜂窝、裙折、披麻等皱状。奇巧的是,山的中间有一处可容水的"天池",周边山体环抱,"天池"里安放船只、竹筏,颇具水石盆景的韵味。

**九龙璧《湖光山色》**

一盆命名为《群山峰峦》的九龙璧盆景,规格为104cm×45cm×28cm,整块原石由高低起伏的山脉相连,山峦起伏,石质肌理感强,色调雄起高古,整座山的雄、奇、峻、险兼具,图案纹理富有国画意境,按原石形态配上老红木座子后,放在厅堂内的条案上,小中见大,气势不凡。

**九龙璧《群山峰峦》**

我收藏的另一块命名为《一脉相承》的九龙璧，规格为 26cm×10cm×16cm。整块原石褶皱颇多，皱中带瘦，瘦中带孔，其纹理、颜色、质地等颇有特色。尤其是这块九龙璧石肌理缜密，质素细腻，光洁如玉，从不同角度可观赏到秀美中透出苍劲，挺立中透出沉静。

切底盆景的最大特点是，可在原石的基础上，按个人的审美视角、设计理念进行艺术加工，尤其是一件风景如画的水石盆景，把它置于案头，或置于博古架，能引人入胜，成为美化家庭的一个亮点，能在有限的空间内，起到小中见大、静中有动、动中有静的艺术效果。

**九龙璧《一脉相承》**

# 闲话金砖
## ——金砖的收藏

十多年前,我与朋友驱车到苏州郊外的唯亭镇,相约一位在收藏领域摸爬滚打几十年,可谓经风雨见世面的行内人。在收藏门类中,金砖是他的强项。当我们走进他的仓库里,只见堆积了许多不同年代、不同规格的金砖。他引以为豪地说:"我专营金砖几十年,从这里出去的金砖也有几卡车了,别人是无可比及的。"无怪乎,此地吸引了许多慕名而来的客户。

我在朋友的指点下,挑选了一块品相完整、刻有边款铭文的早期金砖。我收藏金砖主要鉴于:一方面将金砖配上架子,有待退休后,当砚桌练习书法用,或当茶桌品茶,或当棋桌下棋;另一方面把这方古拙、具有敦厚气质的金砖,当作一件承载历史的古董收藏。

据古籍《金砖墁地》和《中国古代建筑辞典》载:"金砖是专为皇家宫室烧制最精致的一种地面砖。"金砖产自苏州陆慕镇御窑村(原名

**陆慕御窑**

金砖

余窑村）。千百年来，当地村民靠烧制砖瓦为生，世代相袭。御窑村烧制砖的历史悠久，宋朝时期已成规模，但金砖真正成名是在明朝，这与明代能工巧匠蒯祥有着密切联系。

蒯祥是苏州吴县香山名匠，明朝永乐十五年（1417），他被征召到北京，被任命为"营缮所丞"，主持北京宫殿的设计与施工。蒯祥向明成祖朱棣推荐了自己家乡御窑村的地砖，朱棣发现御窑村的土质上乘，有黏性好、含胶体多等特点，于是决定由御窑村来为皇家建筑烧制专用的大方砖，并赐"御窑"二字。现在北京故宫的太和殿、中和殿、保和殿和十三陵之定陵内铺墁的大方砖上，均留有朝代年号及"苏州府督造"的印章字样。这种金砖质密细腻，断之坚细无孔，敲之清脆有金石声。

传统的金砖制造要经过选泥、练泥、制坯、装窑、烘干、焙烧、窨水、出窑八道工序。烧制时必以砻糠、麦柴、松枝为燃料，取其火温恒长而透心。整个操作流程环环相扣，施工要求相当严格。就选泥、练泥两项，要选择地表以下深层的优质黏土后，把这些细腻的黏土一片片地掐碎，和水后由制砖的民工光着脚把泥踩和炼熟，如同面团一样，搓成很长很细很黏的"胶泥条"，然后才能制坯。通常每块砖坯从入窑到出窑连续烧约130天，故此，金砖的内在价值也就非同一般。

独特的原料与严格的工艺，使御窑金砖黛青光滑，古朴坚实，面平如砥像一方黛玉，光滑如镜若一块乌金，敲击时会发出金属般的铿锵声，具有较高的实用价值和观赏价值。用金砖铺成的地面,具有色泽古朴、光润耐磨、愈磨愈亮、不滑不湿的特点,可防止地下潮气上升,极易存放古典家具。古时,金砖作为高贵的建筑与装饰材料,能把宫殿衬托得更加雄伟壮丽,把豪宅古居装点得更加古朴典雅。

当下,有些居住别墅的人士,钟情于江南园林风格和文人雅士的情趣,去寻觅一块古金砖,把它配好木架,并配上四只石鼓凳,放置到庭园的亭子内当茶台,邀友品茶,休闲聊天,或切磋字画、古玩等,可谓一举多得,别有一番韵味。

十多年前,在苏州的古玩市场,或在个别民居家的灶头边或天井里,尚能看到配有木制座架的清代金砖。而今,在市场上很少见了,甚至连一些园林亭子中的金砖也换成了仿真的。即便偶尔在市场上看到真的金砖,大多品相也因年久受损而磨蚀和风化了。俗话说:"物以稀为贵。"随着姑苏文化的传承与光大,人们对金砖的历史价值和文化价值有了新的认识,明清年代的金砖确已成为不可多得的收藏品。2012年7月9日,杭州西泠举办了中国第一个明清御窑金砖专场拍卖会,89块金砖全部成交,总成交额人民币950万元。其中,一对永乐年间的金砖更是以人民币70万元成交。这场拍卖会也预示着将把金砖的保护与收藏,推向一个新的历史高度。

金砖进入拍卖市场,时有不俗表现,这是价格体现价值的一种肯定,从而使金砖逐渐进入了人们的视野,吸引了一些收藏爱好者的眼球,并加深了对传统

陆慕御窑址

文化和传统工艺的认知度。但是，金砖工艺的传承与发展经历了一段艰难曲折的路程。御窑金砖与同属苏州传统工艺的缂丝一样，面临后继乏人、传承堪忧的局面。缂丝的堪忧主要表现在操作工序的精细与繁杂，而金砖的堪忧更多地表现在烧制的辛苦。一块金砖毛坯重达300斤，生产周期长，工作强度大。据悉，在苏州陆慕的一家御窑金砖厂，曾打出招工启事，开出了较高的薪酬条件，但很少有人问津；即使招到了一部分员工，但不到一年，便以工作强度大而主动辞去。故此，陆慕御窑金砖厂的金砖传承人金瑾感叹："传统一定要在现代环境下传承，纯粹按600年前的古法操作是行不通的，只有根据科技的发展，将现代技术融入古法，才能在保证质量的基础上继承金砖的精髓。"

时下，新制金砖，在一些仿古建筑的宫殿、城楼、园林、寺庙等处被广泛使用，有的用制造金砖的原料及工序来制造方砖、嵌砖、墙砖、异形砖，以及筒瓦、沟瓦、脊瓦等；有的在金砖上雕刻各类图案，进行艺术品创作，如著名民间艺人袁中平在金砖上雕刻《姑苏繁华图》，受到了专家的好评。

苏州的御窑金砖制作已被列入国家非物质文化遗产。金砖的传承工艺将为古建筑市场开辟广阔前景，也为文化遗产的修复与保护发挥积极作用。

辑 三

# 美 的 化 身
## ——老山檀香《观音》的艺术造型

佛家对檀山木推崇备至,以至佛寺常被尊为"檀林"、"旃檀之林"。佛家称檀香为"栴檀",意思是"与乐"、"给人愉悦"。如《慧琳音义》所记:"栴檀,此云与乐,谓曰檀能治热病,赤檀能去风肿,皆是除疾身安之乐,故名与乐也。"这又是檀香的药用效能。

印度老山檀香是檀中之王。它是一种高档的雕刻材料,材质细腻、光滑,手感好,纹理通直或微呈波形,香气醇厚,经久不散,是雕刻佛像的最佳用料。

北京雍和宫有一座用檀香雕刻的巨佛像,高26米,直径3米。西藏七世达赖喇嘛为了感谢清朝中央政府,用重金从尼泊尔买来一株巨大的檀香树,并动用成千上万的农奴,花了整整三年时间运到京城,请能工巧匠雕琢而成举世无双的艺术珍品。

几年前,我得知一位朋友家中有两尊印度老山檀香观音。在我的恳求下,我请了一尊回家。这尊观音器型较大,材质上佳,雕工精湛,造型优美,不愧是一件艺术精品。

在佛教的造像中,以观音的造像最具美学价值,被人们所推崇。观音,既有博大的"爱护心",又有非凡的"悲悯心",赢得了"救苦救难,普渡众生"的美誉。香港、台湾、广东、福建一带的许多民居,常在厅堂内供奉一尊观音造像,以保佑平安,吉祥如意。在佛教界,观音造像不仅是"成教化,助人伦"的宗教宣传形式,更是民族审美文化的重要财富,是弘扬真、善、美的艺术品。

我请的这尊老山檀香《观音》由三部分组成：

第一部分是底座，由八角形的基座连接一圈莲花瓣制成，其上由围栏与八根雕花柱，托起八角形莲花瓣，中间有一圆鼓雕花圆柱托起三层莲花瓣座，为观音的正坐。

第二部分是观音坐像。此尊观音端坐在莲花之中，神态安详，娴静端美。在观音戴的宝冠上，有一尊小的阿弥陀佛的化佛像，起威慑外道魔障的作用。观音衣冠装饰华丽，胸前垂有精致的佩件、缨珞，身披帔帛。观音双腿盘坐，右手拇指尖与中指尖成环圈状，其余三指直竖，施大悲无畏印。此印相表示观音给众生带来无畏。左手握净瓶，置于腿上，以示保佑平安。

第三部分是火焰纹背光图案，置于观音身后。这幅火焰纹背光图，两侧各有三位抚琴女童，在情趣高昂地弹、拉、吹、唱，显示着光明前程的美好愿景。

此尊观音雕像在整体造型上，无论是面部的神态、指间的动态、衣纹的飘指卷动，还是形象莲花的景物，每个部位均表现得细致精到，出神入化，真正把观音的高雅、圣洁、慈祥展现了出来。

美是有感召力、震撼力的。观音的美，是圣洁的美、慈爱的美、亲和的

火焰光明（局部）

观音像

美、气质的美。作为一尊救苦救难、大慈大悲的菩萨,观音还有一种大爱无疆的气度,一种和芸芸众生交流对话的灵气。

老山檀香《观音》

# 夙　愿
## ——给自己设计一套明式家具

明式家具是我国古典家具的杰出代表,在世界家具史上占有重要地位。明式家具的发源地在苏州,俗称苏作家具。明式家具缘何成为家具的经典,我的至深感悟是:好料+好款+好工。

其一,明式家具精于选材,讲究材质的细密度、稳定性、自然纹理和色泽美。明清时期,令达官贵人赏心悦目的是海南黄花梨和印度小叶紫檀。而民间使用的大多为酸枝木和榉木,其价廉物美、适用性广。

其二,明式家具格调简练大方,线条流畅,比例匀称,造型优美端庄,内涵清雅。

其三,明式家具制作工艺精细,结构严谨,全部以精巧的榫卯结构部件,坚实牢固。制作工艺讲究美观实用,装饰以素面为主,局部饰以浮雕或透雕。格调以繁衬简,朴素而不简陋,精美而不繁缛。

由上述三者之间的融合,凸显出明式家具的内在价值。苏州东山一带明清时期古典家具甚多,尤为明式黄花梨、紫檀、酸枝木、榉木家具,堪称为华东一带的集聚地。新中国成立前后,国内一些收藏家纷至沓来,民间收藏从未间断;即使在动荡的"文革破四旧"年代,一些痴迷的收藏家仍敢于冒险,乘机吸纳。

时过境迁,现在上品的明式家具尚能在博物馆内看到,而市场上则很少见到。即便留在大户人家或是藏家手里的,他们也"不差钱",大多留作自用自赏。对此,一些热衷于明式家具的有识之士,在市场、价值、收藏的多方选择中,还是结合自身的喜好来"量身定做"。

我对明式家具情有独钟,在家中能拥有一套明式家具,一直是我的夙愿。前几年,正逢一位朋友弄到五张花梨瘿独板,于是,我灵机一动,又托他在广东购置了小叶紫檀原木,计划在家中一间十平方米的茶室里,配一套一桌四椅的明式紫檀家具,在靠墙处放一张明式紫檀条案,案上摆一盘山水盆景,上方挂两幅由紫檀板镶嵌的大理石屏条,营造出古色古香的氛围。

为了实现这一夙愿,我翻阅了许多明清家具图录与书籍,并在江苏省工艺美术大师陈忠林和苏州市园林局高级园艺师韩根生的指点下,选择以仿明式黄花梨无束腰方桌和明式南官帽椅为蓝本。按照茶室的环境格局和桌椅使用的舒适感与协调性,前后数易图稿,并用鸡翅木做了三套实样,最终聘请具有四十多年木匠工龄的王师傅,花费近半年时间完成了制作任务。

小叶紫檀无束腰方桌高81厘米,边长80厘米。方桌的华贵之处在于桌面用的是整张花梨瘿木板,四周用小叶紫檀加框,反面打井字方格,并用活络木插销固定在桌面的板档上。整张金黄色花梨瘿木板镶嵌在紫檀木构成的桌面上,颜色对比明显,效果极佳。桌子攒边的板档立面倒去棱角,以圆角圆边起线,桌面下安一根横枨紧贴桌面,做成和桌子一样宽的圆混面,使桌子边缘看面增大,

小叶紫檀无束腰方桌

方桌的圈子纹横档

好像一木做成。在桌面下设四根圈子纹横档,与四条柱腿连成一周。整张桌子显得圆润、空灵、舒展、秀美。

小叶紫檀南官帽椅

小叶紫檀南官帽椅宽55.5cm,深45.5cm,座高46.5cm,通高98cm。此椅搭脑的弧线向后微凸,同时中高向两旁自然下垂,椅中的靠背呈微S形,按人体坐姿形态中凸,上下略凹,自成弧线。靠板由三小部件构成,上部刻有浮雕的"寿"字,中部镶嵌一块花梨瘿木,与椅面相呼应,下部雕有草龙纹花板。椅子的扶手也是一个呈微S形,连接鹅脖向内弧度的椅档。椅面是整张花梨瘿木板,四周又用小叶紫檀加框,反面打井字方格,并用活络木插销固定在椅子的横档上,椅子面板下沿安了四根圈子纹圆档连接四条柱腿,下方按三层设置:背后一根圆档,左右两根圆档,正面下设一根扁档(可作踏板)。椅子在设计靠背和扶手时，综合考虑人体高矮、胖瘦的体型特征，以确定其弧形和曲度，达到自然舒适的感觉。

整套桌椅造型优美，结构严谨，用料精选，做工讲究，比例匀称，特别是在桌椅的协调方面，注重整体尺寸的把握，在制作中，各部件之间、配料之间、图案之间、起线之间、榫卯结构等，均做到一丝不苟，甚至在最后的抛光和打磨方面，也按苏作工艺操作。

此外，这套桌椅在继承明式苏作家具风格的基础上，从款式的设计、尺寸的比例、扶手的形态、靠背的纹饰等方面做了些改良，特别是桌面、椅面采用了整张金黄色的花梨瘿木镶嵌，使其在小叶紫檀木的搭配下，把整套家具的神与形充分地展现出来，既具江南的灵秀，又隐合皇家气派。

南官帽椅上部浮雕"寿"字

椅子反面"井"字方格

# 回　味
## ——作品《韩熙载夜宴图》观感

古典名画《韩熙载夜宴图》，绢本设色，纵28.7厘米，横335.5厘米，由五代南唐人顾闳中所绘，原作现收藏于北京故宫博物院。

南唐中书舍人韩熙载是一位很有才华的官员。他出身于北方望族，懂音乐，擅长诗文书画，富有政治才能。同时，他又蓄养歌伎，纵情声色，家中常常宾客云集，时时宴饮，常常酣歌达旦，把一腔苦衷寄托在歌舞夜宴之中。后主李煜较倚重韩熙载，想用他为相，但又心有疑虑。一日，有人向后主李煜报告，一些朝中官员要去北方籍大臣韩熙载家聚会，后主李煜于是派顾闳中和周文矩入韩宅，了解他们的活动情况。

顾闳中深入观察和揣摩当时人物的思想感情，心里明白，韩熙载以这种沉湎声色来消磨时光的做法，实际是为了力求自保，想借此来表明自己对权力没

有兴趣,以达到避免后主怀疑和迫害的目的。回去后,顾闳中根据目识心记,绘成画卷呈上。

《韩熙载夜宴图》共分五段,第一段《端听琵琶》,第二段《挝鼓助舞》,第三段《洗手小息》,第四段《闲对箫管》,第五段《歌舞重开》。该画卷充分反映出韩熙载纵情声色、逃避现实的心态,人物形象生动,刻画细腻传神,笔法凝练简洁,构思奇妙多变,设色浓烈和谐,是五代人物画之杰作,也是顾闳中传世的唯一作品。

古代文化给我们留下了许多传世之作。如张择端的《清明上河图》、黄公望的《富春山居图》、周肪的《簪花仕女图》、顾恺之的《洛神赋》、王蒙的《葛雅川移居图》,以及反映历史典故的《八仙过海》《紫气东来》《刘海戏蟾》等。在这些作品中,就同一类题材,无论是以竹、木、牙雕、砖雕、石雕的表现形式,还是以国画、漆画、瓷器、紫砂等表现形式,在艺术创作过程中,均离不开继承与发扬传统文化的基本要求。被称为"江南第一风流才子"的唐寅所临《韩熙载夜宴图》,在"忠于原作,不失神采笔踪"的前提下,对原作进行再创作,增加了艺术感染力。最出彩出奇的是,对一些场景中家具的陈设、摆布、格调变化,做了重新调整,增添了部分家具,使整个场景更具生活味道。此外,唐寅在描绘人物的服饰、神情、举止等方面,进一步细腻而生动地加以表达,使画面产生一种话剧式的动态感。

当今,呈现在我眼前的大型木雕作品《韩熙载夜宴图》,作者在尊重原稿基础上,在一块独板红豆杉(长2.38厘米、宽36厘米、厚1.5厘米)上,采用浅浮雕的手法进行再创作。这件作品最大的亮点体现在:一是材料的珍贵。这块红豆杉板材是从一栋老宅大梁中锯剖而成的,整块大料虽然有点边皮,但总体料质细腻、色纹清晰,在阳光下还细微露出一缕金丝。红豆杉属珍贵植物,这么大的料现很少见到。二是雕工精湛。作品给人展示了一幅宏大的立体长卷,气势非

木雕《韩熙载夜宴图》(局部)

凡。虽然这件木雕仅选择了《韩熙载夜宴图》画幅中的三段，但以作品所表现的形式，特别是精湛的技艺而言，足以令人赏心悦目。

该作品的作者李九生，是一位20多年前从浙江东阳来到苏州发展的高级工艺师。在多年实践中，他不断探索东阳工与苏工的有机结合，并将其融入艺术创作中去，力求作品的精益求精，使原有《韩熙载夜宴图》的平面画卷，改创为立体雕刻。作者对整个布局的安排，人物的表现形式，以及场景、家具的配置等，做了一些新创作。

在人物形象的塑造上，作者从不同的表情、不同的衣着、不同的举止，展现出一种立体画卷的动感。作品中的韩熙载始终没露出丝毫的笑意，总是严肃、沉默的，而且越是渲染乐舞的美，就越衬托出韩熙载内心深处的隐衷，这与原作是吻合的。

在场景和家具的配置上，作者运用娴熟的雕刻技法，全景式地展现了当时居室内的各种陈设，如屏风、床榻、香几、斑竹椅，以及桌、案、凳等家具，就达三十多种。这不仅起到对原作的烘托作用，而且充分展示了古代家具文化的发展，为我们留下了极其宝贵的文化遗产。

艺术创作，尊重原作，但不应拘泥于细节或局部，而应在原作基础上，对艺术的表现形式、技艺、技法等，根据各自所长，发挥创作的原动力，使原作呈现出新的气象，给人观赏后留下深刻的记忆。这正是作品创新的魅力所在。

上为绢本《端听琵琶》(局部)，下为木雕《端听琵琶》(局部)

# 紫檀笔筒
## ——《四乐图》《西园雅集》作品赏析

  笔筒是插笔的文房用具，经过艺术加工后，具有一定的艺术性、观赏性和收藏性。一只精美的笔筒置于书屋和画室的案上，颇有一番文人雅士的书卷气息，透出闲雅情趣，或许可以给人引发遐思，激发起创作兴味。

  笔筒材质的种类较多，有木、竹、陶瓷、玉石、象牙等，每类材质又可分为若干种，如在木制笔筒中有紫檀、黄花梨、沉香木、檀香木、酸枝木、黄杨木、鸡翅木等。从古至今，相对而言，木制笔筒则更具它的实用性，收藏群体也最大。

  我在鉴赏笔筒过程中，偏爱于紫檀笔筒，缘于它给人以原汁原味的木质纹理、富有变化的色彩，以及经雕琢后所表现出的意境与神韵。紫檀材质珍贵，俗有"木中之王"之称。一只上品的紫檀笔筒，要求筒大帮厚，直径与筒高比例适当，颜色黝黑锃亮，质地细腻润滑，掂在手里感觉沉重，把玩久之，包浆润泽亮丽。

  我在紫檀笔筒的选择上，对筒大帮厚、带有金星牛毛纹的最感兴趣，因为它能充分展现出由人物、景物组成的丰富内容，寓意深刻的经典题材，通过浅雕、深雕、圆雕、浮雕、透雕、镂雕多种技法，经过打磨抛光等工序，将整幅立体画卷栩栩如生地表现出来。

  大型紫檀随形笔筒《四乐图》，外形呈犀角杯，上口径28cm，下口径23cm，高23cm，内圆帮厚，带金星牛皮毛纹。笔筒画面围绕主题，描绘出远处峰峦叠嶂、殿宇楼阁依山而建的景象。在那翠树葱郁、层层林立的山路桥畔，一位樵夫肩扛农具稍息而立；一侧溪流飞泻而下，一位渔夫在河中撒网捕鱼；河岸上，一头耕牛正在树荫下歇息，一位少年骑在牛背上悠闲读书；另一侧是两位农夫在耕

**紫檀笔筒《四乐图》**

作之余,坐在屋前对弈。笔筒《四乐图》表现了渔樵耕读之乐,凸显了人们在劳作中的生活情趣。

大型紫檀笔筒《西园雅集》,外型呈椭圆形,上口径24.8cm,下口径24cm,高24.2cm。笔筒画面表现了宋时驸马都尉王之先,在西园组织的一次沙龙聚会,参加的有文坛代表苏轼和他的弟弟苏辙,以及"苏门四学士"黄庭坚、秦观、张耒、晁补之等社会名流。西园犹世外桃园,在这美景中,似可欣赏到古琴古箫的悠悠声。作者在创作时,依据笔筒的椭圆形状,一面以苏轼为代表的文人雅士正聚精会神地目视着李公麟作画,周围还相伴着仕女;另一面由米芾吟诗作文,几位文人雅士围饶着聆听赏之。这种表现自娱自乐的生活情调,成了后世流传的文坛轶事。

这两件作品,也是出自移居苏州二十多年的浙江东阳籍高级工艺师李九生之手。作者在长期实践中,不断探索东阳工与苏工的有机结合。在创作中,作者不是按原稿去照葫芦画瓢,而是依据材质、料形,巧妙地刻画传世典故中的人物、景物。在技艺方面,作者充分吸纳了苏工精、细、巧、雅的风格,并把它有机地融入到东阳工所善长的圆雕、半圆雕、透雕等技法中。作者在细节的刻画上,注意景物中远近、高低、疏密的层次感与立体感,如河流边有古松,古松下有古宅,古宅后有竹林,竹林后有山脉,山脉上方用云纹连接笔筒端口。在人物刻画方面,作者善于用细腻的形态、神情来传达故事中的情境。

一只笔筒往往承载着一个经典的故事,历史上有许多名人创作的笔筒,现大多陈列在博物馆内,流散在民间的精品则很少。我们在收藏笔筒时,既要珍惜古代艺术作品,继承与发扬优良的传统文化,又不能"唯古是取",一味追求年代或名头,轻信于"名人名作"的包装宣传,或被一些急功近利的"代工品"所迷惑。

事实证明,一件成功的、有价值的艺术作品,要经得起时间的检验。鉴赏一件作品,不论其名头多大,关键要看作者的创新能力与技法、技艺的表现力,作品能否给人以一种美的享受。

紫檀笔筒《西园雅集》

定慧发微 收藏与品评

# 小器大雅
## ——永不褪色的苏作小器

苏作家具有着悠久的历史,尤其以明式家具为代表,确立了它在家具史上的历史地位。随着明式家具的发展,各类木制小器作也应运而生。

小器作是从木作家具制造中分离出来的一个小类,是传统家具中相对较小的木器小件,如箱、盒、匣、笔筒、笔格、书镇、座屏、台屏等。

据《苏州府志》记载,明代苏州经济繁荣,交通发达,文化底蕴深厚,商业地位居全国之首。明代苏州共有271处苑囿,而大小私家宅园就不计其数了。在这些园林、宅院中大多建有明堂、书斋、卧房等,与之相配套的苏作家具,成为陈设中的主角。

随着时代的变迁,博古柜又成为家具中的宠儿,一些贵人或收藏者,依据不同的环境,在博古柜内陈列各种材质贵重、造型奇巧、工艺精湛的

紫檀香熏

小器作，如在书房内摆些文房雅玩器物，在卧室内摆些宝玉石玩赏器，在客厅或茶室内摆些盘、盒、箱、杯之类的器物。这些具有工艺特色的小器作，既可观赏、把玩，又可馈赠，还能保值增值，因而成为家具陈设中的一种时尚。

  自古以来，苏州人文荟萃，人杰地灵，名家辈出。苏州的玉雕、木雕、核雕、砖雕、苏绣、缂丝等传统工艺名扬中外，涌现出玉雕陆子冈、犀角鲍天成、木雕杜士元、刺绣沈寿、砚雕顾二娘等大家。明代宋应星在《天工开物》中说道："良工汇集京师，工巧则推苏郡。"自明代以来，苏作工艺在继承中发扬，在发扬中光大，苏作工艺人才大有"长江后浪推前浪，江山代有名人出"之势。当代中国工艺美术大师陆涵生是苏作小器的杰出代表，他创作的木雕《五龙嬉玉环》《水出五螺》《英雄出世》等作品，设计新颖，刀法精湛，形神兼备，极具特色。江苏省工艺大师陈忠林、江苏省高级工艺师顾菊忠，则是苏作小器的后起之秀。陈忠林先生创作的紫檀木雕《财源滚滚》《松知对鸣》清晰质朴，富有江南情调。顾菊忠先生创作的象牙玉兰笔筒和象牙寿星，做工严谨，形态逼真。当今，在

紫檀拂手

紫檀知了与螳螂

苏州已形成一支规模较大的民间工艺队伍，为振兴文化特色产业，推动民间工艺的发展，营造了良好的文化氛围。

  近期，我与朋友走访了几家工艺作坊，欣赏到一些大师的优秀作品，真切感悟到他们对工艺创作的专注，如设计一件玉雕作品，能把每块料的等级、规格、品质、形状等分得清清楚楚，使用时做到惜料如金。作品《诺》，由玉雕大师杨曦在一块和田籽料原石上，采用简洁薄意雕的手法，雕了五指的手印，颇具创意。玉雕大师蒋喜的创作原则是因材施艺，更多地保留原石的本色，充分发挥其想

紫砂知了

象空间，使创作的一些摆件、把玩件颇有特色。我们在一家家具作坊参观时，看到一位设计师正在精心计算家具材料的套档使用，即用成材的大料子做家具，套出的小料制作各类小器件。其实，这种精打细算的做法自古已然。在展厅内，我们寻觅到几件精致的小器件，其中，一对仿清高脚小叶紫檀梅花杯，显得古朴典雅，很有品位；一片小叶紫檀树叶上，雕了一只知了和螳螂，显得栩栩如生，颇有灵气；一只用大叶紫檀与花梨瘿镶嵌而成的八宝果盒，做工精良，纹色美观。此外，在一个博古架上，看到一件仿清小叶紫檀香熏，做工十分精致。奇巧的是，我还在博古架上看到一个小盘子，盘内装有瓜子、白果、菱、花生、核桃等，还看到一只知了爬在树枝上，颇为生动。这两件作品均是用紫砂制作的，很有生活趣味。

在富有浓厚文化气息的苏州，许多古玩市场、工艺品商城、红木作坊，一些造型新颖奇特、做工精良、用材高档的小器作特别走俏。人们对小器作的使用、收藏、鉴赏、把玩、馈赠等，已形成气候。

目前，苏州成为全国小器件制作、加工、批发的聚集地，各地许多玩家、商家专程到苏州购买各类小件成品，或订做文房类、盒盘类、提箱类等小器作。在苏作小器件中，木制座子可成为苏州工艺的一大特色，全国许多工艺品如玉雕、木雕、石雕、核雕、苏绣等，要选配苏作座子，甚至一些艺术家的作品和展会作品，都要求用苏作工艺量身定做。如全国"四大名石"（寿山、青田、昌化、田黄）的雕件配上苏作座子，则锦上添花，身价倍增。而一些云南石商把上品的大理石运到苏州，配成苏作座子的台屏、地屏运回云南，大大提升

黄杨木雕《五谷丰登》

了它的艺术价值和经济价值。又如国内一些扇子收藏者,把扇面拿到苏州加工,而与之配套的扇骨、扇架、扇盒或扇套等,制作工艺十分讲究。自古以来,苏州还是全国的制扇基地,苏作团扇、檀香扇久负盛名,也是苏州民间工艺的一张名片。

当下,苏作小器件已走进千家万户,在居室、厅堂的博古架上,小器件不仅是摆设或具实用价值,而且能给人以充满乐趣的精神享受。亲朋好友来家品茶时,拿出一只精致的托盘,内放几只梅花杯,泡杯碧螺春新茶,让人觉得很惬意。拿出一只紫檀木八宝果盒,内放各式瓜果,供其随意品尝,显得很自在。当闲聊得情投意合时,再捧出一只紫檀木官皮箱,从中拿出几件精致小巧、包浆浑厚的玉器供友人鉴赏,或捧出一只黄花梨印盒,拿出几方名章,供其玩赏,显得别致风雅。真是宝中套宝,宝中见宝,其乐无穷。

人们对苏作小器的钟情与追求,是对精湛的苏作工艺的钦敬和对苏作文化的推崇。在时代发展中,愿苏作小器物能融汇现代设计理念、制作技法、文化内涵等元素,创作出富有时代特色、具有生命力的作品。

**碧玉公道杯**

# 老料新做
## ——官皮箱的收藏

六年前,我出于好奇,收藏了一只清代的老红木梳妆箱。箱体外壳品相尚可,打开后镜架略有松动,玻璃上有点锈斑,抽屉底板部分残损,在家放置了半年,看着总觉得不太顺眼,就处理掉了。当时如经高手稍作修整,想来还是有一定的收藏价值的。

现实中,人们的投资收藏有一种从众心理,当某一门类尚不起眼或无人问津时,往往会被冷落一边。而当一个门类被激活炒作时,在市场上会表现得异常活跃。不知缘何,近期在京津地区流行古匣收藏热。据说,一些玩家收不到老货,就聘请福建的木雕高手,采用收集到的海南黄花梨老料来仿制明清古匣,如官印匣、官皮箱、首饰盒、文具盒、梳妆盒、提梁箱、念(朝)珠盒等,大部分按原有款式、比例和做法仿制。在这股热潮下,我也未能免俗,经朋友介绍购得了一只仿明式海南黄花梨官皮箱。

谓之官皮箱,并非官用皮箱,亦非皮制而成,它是用上等木料制成的一种体型稍大的梳

仿明式黄花梨官皮箱

妆箱,可放置一些精巧的物品,如玺印、首饰等。我的这只官皮箱长20cm,宽15cm,高23cm,外观顶部又似官印匣,它由箱体、箱盖和箱座三部分组成。箱体前置有箱盖和两扇门,门内设有三层,第一、三层各有一个长抽屉,中间一层有两个小抽屉,箱盖内上层似套斗,可放置稍大一点的物具。箱盖和箱体有止口扣合,门前有百叶拍子,两侧安提手。整个箱体的吊牌、拍子、百叶、提手、环扣、包角、卯钉等,全用的是黄铜材质,尤其是箱盖面板四角包的黄铜片,选用的是蝙蝠图案,寓意有"福"。《书经》曰:"五福,一曰寿,二曰富,三曰康宁,四曰修好德,五曰孝终命。"

这只做工考究的海黄官皮箱,采取老料、老款、老工新制而成,如箱体由平板卯榫拼结,外部面板用的是独块料,板面木纹肌里似行云流水,或隐或现,疖疤圆浑如钱,又酷似鬼脸,线条木纹带有荧光,在光照下金光闪闪。箱体最大的亮点是,两扇门板花纹漂亮、对称,可谓美不胜收。

官皮箱的箱盖、门和抽屉

官皮箱的门板花纹

古匣、箱、盒等有着悠久的历史,明清时期使用尤为广泛。这类器物种类繁多,造型各异,用材甚广,做工精湛。在古匣系列中,较珍稀的有舍利匣、圣旨匣、官印匣、机巧盒等。现藏于故宫博物馆的明剔红羲之换鹅图三幢提匣和剔红山水人物二幢提匣,设计别致,图案精美,漆饰艳丽,做工精湛,堪称艺术佳品。又如,在古匣系列中的描金清供文具盒、首饰盒、烟具盒等,虽属盒的系列,但实际上充当多功能的百宝箱来使用,盒内各部位设置巧妙,个别还设暗盒,盒体面积小中见大,盒内可放置各类物具十多件甚至几十件。这些高档的物具,有的采用雕漆、填漆、描金,或镶嵌彩螺钿以及珠宝类,或外包配件款式多种多样。而一件精美的盒子置于案头,可具万宝通灵的神韵。

随着岁月的流逝,这些精美的古匣类器物,能保存至今的已屈指可数。现今生活方式的转变,人们对此类器物的热情也逐渐淡化。历来古匣类器物在收藏门类中属小门类,甚至是冷门类。然而,近几年在艺术品杂件拍卖中,古匣系列的器物时常会显露头角,尤其是品相好的明式海黄花梨的匣、箱、盒等器物,一件可拍到十多万元,而用老料、老款、老工新做的这类器物,在市场上也要卖到几万元一件。所以,一件精致独到的古匣类器物,应该兼具使用价值、艺术价值与收藏价值。

# 变幻莫测的瘿木
## ——花梨瘿器物的收藏

瘿，泛指树木上的疤痕与病瘤，是树木病态增生的结果。有此种形态的树木，俗称瘿木。常见的树瘿有花梨瘿、楠木瘿、桦木瘿、榆木瘿、柏木瘿等。在大自然中，不同的树种，不同的生长环境，形成不同瘿的质地、颜色和纹理特征，如葡萄瘿、核桃瘿、山水瘿、芝麻瘿、虎皮瘿、兔面瘿等。有些瘿长得尤为奇形怪状，纹理与色质变化无穷，形成一幅幅色彩斑斓的抽象画。瘿木的独特魅力与天生纹理，深受文人雅士的钟爱。

过去，一些能工巧匠将珍贵的瘿木大料用来制作家具的面料。在姑苏园林内，现保留下来的古代老红木家具，有的桌面、椅面均是用瘿木板镶嵌的，虎皮色的葡萄瘿，与老红木的深沉古色巧妙搭配，显得相映成趣，秀妍华丽。这种工艺也是苏作家具的一大特色。而瘿木的小料，用途也较广泛，一般可用在挂屏与台屏的图框里，作为镶嵌在大理石画与红木框之间装饰材料，还可用来镶嵌在小叶紫檀首饰盒、扇盒和匣子的盖面上。

通常用瘿木制成的各类工艺品，在市场上较吃香，如笔架、水盂、镇纸、扇搁、盘子、印泥盒、小盘、手串等。

花梨瘿木书镇

花梨瘿木盘子

在各类瘿木材质和纹饰中,档次最高的要属海南或越南黄花梨瘿。《博物要览》对其描述:"亦有花纹成山水人物鸟兽者,名花梨影木焉。"这类瘿大多是根部料,很稀少,一般用来制作小巧玲珑的物件。

近年来,在艺术品杂件拍卖中,一件清代海南黄花梨瘿木小水盂要拍到上万元,一对越南黄花梨瘿木的小花几要拍到人民币十多万元。可见,瘿木类摆件和把玩件拍品势头强劲。现今市场上,海南与越南黄花梨瘿木稀少,遇有缅甸花梨瘿木,也属上品了。故此,许多收藏爱好者将缅甸花梨瘿木制成的各类工艺品,纳入了价值投资之列。

近期,我也不甘寂寞,密切关注花梨瘿木类的藏品,经过不懈努力,在朋友的帮助下,觅得三件缅甸花梨瘿木宝物:一件是一对书镇,长48cm,宽4.8cm,厚3cm,属葡萄小瘿,呈虎皮色,花纹内含萤光,木质细密坚硬,没有瑕疵,属于精品,放在画案上很有一番书卷气。一件是一只盘子,直径26.3cm,高6.5cm,属兔面小瘿,瘿点匀称布满,呈金黄色,内含萤光,在光照下,萤光闪动,十分耀眼,盘内放上水果很有韵味。还有一件是一只束腰笔筒,高18cm,直径18.6cm,筒大帮厚,整料制成,纹理呈虎皮瘿、核桃瘿、山水瘿相兼,几种纹饰在光照下,显得变幻莫测。这样大规格、全品相的花梨瘿木笔筒,在市场上也少见,放在书桌上"弹眼落睛"。可见,收藏会带来许多乐趣,只要有心,只要付出,总会收到好东西的。

时下,人们对瘿木的认识与钟爱度越来越高。由于高档的瘿木材料较少,故一些玩家把兴趣爱好转向小摆件、把玩件等,而小件艺术品易携带、易馈赠、易把玩,使用年久,这些小件艺术品玩出包浆后,其质地、油性、萤光、纹饰等,显得厚重、耀眼,展现出它独具的艺术性、鉴赏性。

花梨瘿木束腰笔筒

# 趣　　闻
## ——海南黄花梨的诱惑

海南黄花梨被公认为木中之王，成为家具材料中的神木。据史料记载，海南黄花梨在唐朝就已作为海南岛的贡品进贡皇宫，从明朝初年到清朝嘉庆四五百年间，它一直是海南岛进贡宫廷的地方贡品。在历届家具博览会上，明式海南黄花梨家具屡屡得奖，成为古典家具的经典。

在海南，说起黄花梨几乎无人不知。一根头尾长度在 2m 左右、直径 10~20cm 的老料，每公斤在人民币 4000~8000 元之间，且市场行情不断看涨。据传，在海口某大院内，栽有一棵花梨老树，有一年台风吹断了一根粗如碗口的树枝，大家竞相争夺，纷争不休，最终达成妥协，每户以斤切割进行分配，才化解了矛盾。可见，海南黄花梨的珍贵已深入到老百姓的心中。原香港总督彭定康在任时，从内地收藏了大量的古典家具，其中许多是海南黄花梨家具，真可谓慧眼识"英雄"。人们戏说，其经济价

**越南黄花梨吊罐**

值远远超过他在港任职期间的薪酬总额。

然而,当人们对海南黄花梨的热衷程度日益高涨,黄花梨的价格屡创新高的背后,有人却在默默地付出、无私地奉献。《国宝花梨》的作者张志扬,是一位土生土长的海南人,凭着对黄花梨的痴迷,用八年时间,足迹遍布海南全岛的各个乡村,克服了常人难以想象的困难,甚至放弃了在花梨木价格暴涨期间本应给他带来的巨大利益,经过调查、考证,写成了此书。为此,有人称他为"天下第一傻瓜"。张志扬为写作这本书,虽然牺牲了个人利益,或许使他少赚了数亿元,但为了保护珍贵树种,弘扬传统文化,他功德无量。这是无法用金钱来衡量的。同样,在1998年,我国著名藏家王世襄先生,将自己所珍藏的79件明清家具(多数是明式海南黄花梨家具)无偿捐赠给上海博物馆,在国内收藏界轰动一时。

我祖籍苏州东山,而东山是苏作明式黄花梨家具的发源地。我小时候亲眼见过一些圈椅、大橱、条案之类的黄花梨家具,当时人们把古典家具当做老货来看待。"文革"时期,许多老红木家具在"破四旧"时被处理掉了,即便有些被保存下来,也只是搁置在仓库里,被"雪藏"了。"文革"之后,一些有识之士捷足先登,率先收藏起了古典家具。大收藏家马未都,在20世纪80年代中期,经常来苏州"淘宝"。他在《马未都说收藏·家具篇》一书中,详述了在东山收藏到一张明代晚期的拔步床的故事,他认为这是一生收藏中最为得意的一件藏品。到80年

海南黄花梨把玩手串

海南黄花梨容天壶

代后期,海南黄花梨家具在市场上已很难收到了,即使个别大户人家有,也多不愿出手。在拍卖会上偶尔能看到,但价格惊人。于是,藏家把视线转移到收藏黄花梨小件,或是用根部料做成的一些把玩件。

2007年,我到广西南宁出差,空闲之余去逛古玩街,被一家专营海南黄花梨家具的商店所吸引。当时,看中一对品相完整、口径15cm的海南花梨瘿木盘子,因价格较贵而未成交。又询问旁边上摆了一把花梨容天款式的茶壶和一根海南花梨拐杖,价格尚可接受。壶的规格16cm×8cm×10cm,壶的花纹、色彩、木质等无可挑剔;拐杖长88cm,上粗下细,较匀称,木纹和油性较好。这两件物品,经协商,以超出预期的价格成交。据说,用海南黄花梨制作的茶壶泡水喝,具有降压、清火等效果,而使用花梨拐杖能步履安祥,吉祥如意。

**海南黄花梨烟斗**

黄花梨在把玩时,总能闻到一股清香味,把玩时间久了,表面会呈现出一层玻璃光泽的包浆,好似上了一层薄漆,尤其是在光照下,木质中会闪烁出带有荧光的纹色、金丝,令人惊叹不已!张志扬先生在《国宝花絮》一书中的精彩描绘:花梨木的纹理独具一种诗意美、朦胧美、浪漫美、神秘美和变化莫测的美;而花梨木的质感和色调又是那么瑰丽而幽雅,犹如天空中的晚霞,常常现出梦幻般迷人的色彩,让人们意想不到。这种非人力之功所能产生的神奇视觉效果,增添了几分尽在不言中的浪漫情调,十分有趣。这也正是我的至深感悟。

黄花梨被称为"木黄金",一直是红木家具收藏的龙头和拍卖市场的风向标。近十年来,国际黄金价格从每盎司200美元上涨到现在的每盎司1750美元左右。海南黄花梨从2002年的每吨人民币2万元,疯狂上涨到每吨800万至1000万元,创造了价格狂翻400多倍的神话。

2011年5月21日,在北京中国嘉德拍卖会上,两场冠名为"读往会心——侣明室藏明式家具"和"承古抱今——明式皮具精品",共提供80件黄花梨精品,结果百分之百成交,成交额人民币2.88亿元。其中一张明末黄花梨独板围子马蹄足罗汉床,从人民币800万元起拍,最后以3220万元成交。

海南黄花梨的惊人表现,主要缘于其资源的稀缺性,一般要长成直径30厘米以上的树干需千年以上。在同类家具中,用明式精湛工艺制作的海南黄花梨家具,稳定性好,材质密度高,木纹漂亮。这些特性是海南黄花梨被誉为"木黄金"的主因。

# 根雕的魅力
## ——形神兼备的十八罗汉

2010年金秋十月的一个双休日,我陪客人去江苏吴江同里古镇游玩,在明清街一家冠名为"艺根苑"的店内,看到博古架上摆了一组由浙江艺人创作的根雕十八罗汉。此前,我曾在江西井冈山、福建武夷山和安徽黄山的工艺品市场见过不少根雕作品,不知为何,没能吸引我的眼球。而这组根雕十八罗汉看起来很有气势,犹如苏州东山古迹紫金庵的彩绘泥塑十八罗汉的缩影本,显得形神兼备,栩栩如生。

历史上,浙江是雕刻胜地,东阳木雕、青田石雕、安吉竹雕齐享盛名。这组根雕的原材料,产自浙西一带山区的黄荆树。这种树的根部最适宜作根雕,许多优秀作品都出自这种材料。我想作者对其根料是知根知底的,如自己的孩子一般,充分掌握了料的特质、特性、特点,并应用树根的疤疠、瘤块、皱褶、嶙峋、空漏、残缺、纹理等天然形状,巧妙地从盘根错节形态中去梳理,大胆地发挥创作的想象空间,在形与神的结合上下了功夫。

根雕《十八罗汉》(局部)

形是确立一件作品的主体,是构成造型艺术的基础。作者在构思上,首先以审根为创作基础来确立主体,因根料的形态是受大自然生长环境的影响而千差万别,甚至是稀奇古怪的。作者在立意中,通过剪切、修整、取舍、组合等工艺过程,充分利用大自然的根源,依据料形来选择十八罗汉各自的形态,以独到的眼力,寻找到最合适的对象,尔后量身定做,对号入座。作者在创作中,恪守"源于自然,高于自然,回归自然"的准则,在根的原形上不作大面积的雕刻,尽可能保持原有状态,让人感到"形势"逼真。这也是根雕艺术中凸显大自然"鬼斧神工"的魅力所在。

　　神是建立在形的基础之上的,反映的是一件作品的整体神韵。十八个罗汉的形态,构成了十八个罗汉的神貌。根雕艺术中有句行话:"七分天成,三分人工。"如果说形是天然成趣的,那么脸的神情需要借助于人工的雕琢或作局部的修饰。这组十八罗汉的脸部开相,作者依据每个罗汉的表情特征,采用夸张的技艺,将其喜怒和变形的神态,从头部的实意雕刻,到罗汉的形态及衣服纹理的虚实起伏等,神情并茂地刻画出来。

　　由此,形与神相辅相成,相得益彰,相映生辉。两者密不可分,缺一不可。这组作品最大的看点是,作者能独具匠心、妙趣天成地把每一件形神兼备的作品有机地统领起来,构成一组气势非凡、生动精美的群雕。

根雕《十八罗汉》(局部)

# 情 景 交 融
## ——从美人床看"休闲文化"

中国家具在历史的发展中,演化出众多造型各异的家具种类。床榻作为家具的一类,可分为木床、围子床、罗汉床、架子床、拔步床、凉榻等。明式床榻形体结构简洁、端庄,线条流畅、明快,体现一种美学与力学的结合。清代则逐渐增加了装饰效果,讲究绘刻有寓意、有题材的图案和纹饰,甚至还镶嵌一些大理石、螺钿、宝石等,给人一种别致、富贵的艺术效果。

在收藏与鉴赏门类中,我对古典家具情有独钟。生活在苏式家具的故乡,我对苏州园林、古宅、民居中的古典家具见得较多,空闲时,有逛家具店领领行情的喜好,难得看到一件亮眼的家具,自然会心动,进而会诱发行动。

一次,我与朋友到苏州市苏状元古典家具厂的陈列馆参观,一张宝鸭莲荷美人床(简称美人床),颇为吸引眼球。这不仅是一张休闲实用的床,更是一件精美的艺术品,它传承着中国古典家具文化的精髓,具有一定的收藏价值。

据传,宝鸭莲荷美人床是供宫廷小姐使用的。这张用酸枝木制作的美人床,是按比例仿制的,它兼具床、榻、椅(沙发)的功能。如把背板拿掉,它是一张灵巧的小床;放上背板,可作一张休闲榻,或是一张情侣椅。

这张美人床从床板、背板、正牙板、正方腿等,都缠绕着莲枝、莲蓬、莲叶、芦苇和鹭鸶等图案,整幅图案连成一体,环环相接,显得生气盎然。最奇妙的是,床的枕头用整料雕了一只立体宝鸭,寓意宝鸭在荷塘里嬉戏,极富生活情调和审美情趣。整张床的装饰图案彰显着优雅写意的艺术感,其制作工艺采用了平雕、浮雕、圆雕、透雕等技法,使图案纹路清晰,线条流畅,画面起伏变化有致。

在打磨、抛光、油漆等工序上,做到细致入微,工艺到位。

作者在设计中的独具匠心,不仅表现在它的实用性、工艺性、审美性方面,还考虑到兼具床、榻、椅"三合一"的陈设性。明清时期,宫廷帝王十分看重室内陈设,乾隆皇帝特别讲究陈设的"物以载道"。这些宫殿花园建筑内陈设的古典家具,不仅有文人的雅趣,还包含有浓厚的儒、释、道文化,尤其是儒家文化。它给家居生活营造优雅的空间享受,体现了宫廷文化在许多古典园林、名门望族的古宅中的传承和应用。例如:被列入世界文化遗产的吴江退思园,菰雨生凉轩是园内的亮点,轩内屏隔南北两室,为鸳鸯厅格局。隔屏正中置大镜一面,镜前设一张湘妃榻,卧榻上,于镜中赏景,颇有"碧水莲荷菰蒲,炎夏也生凉意"那种借景生情的韵味。

古典家具的陈设,许多体现着一种休闲文化,它是因人、因地、因景等不同情况而设置的。

倘若把菰雨生凉轩镜前的湘妃榻,换成一张娇俏而高贵的美人床,于镜中赏景,又有朱自清散文《荷塘月色》中描绘的意境:"月光如流水一般,静静地泻在这一片叶子和花上。薄薄的青雾浮起在荷塘里。叶子和花仿佛在牛乳中洗

**宝鸭莲荷美人床**

过一样,又像笼着轻纱的梦。虽然是满月,天上却有一层淡淡的云,所以不能朗照;但我以为这恰是到了好处——酣眠固少不了,小睡也另有风味的……"诚如这般美景,那是再绝妙不过了!

倘若把镜前的这张美人床,更换成一张美人椅,于镜中赏景,则又使人联想起李白《静夜思》的诗句:"床前明月光,疑是地上霜,举头望明月,低头思故乡。"(注:诗中"床"实是一种坐具。)

倘若把这张美人椅陈设在书房内,便仿佛营造起在那《荷塘月色》中的氛围,靠坐在这张美人椅上静心地读书,恰如月下荷塘所蕴含的那种淡泊明志、宁静致远的境界。

小歇时,手握一杯茗茶,抬头透过窗户,颇有"明月一壶茶,清风万卷书"的宽广情景。

以荷花为内容的题材,已广泛运用到各类艺术创作中。荷花又名莲花,是中国传统花卉。佛教常以莲花为标志,代表"净土",象征"纯洁",寓意"吉祥"。家具的装饰以莲花纹居多。

在中国画中,以表现荷花为内容的又居多。著名画家齐白石、吴昌硕、张大千、潘天涛均擅长画荷花。而张大千采用泼墨泼彩大写意荷花,更有独特的韵味和气势,如《泼彩雾中荷》《荷塘雅叙》《荷香留客晚》等作品,将墨彩效果淋漓尽致地表现出来。

这张宝鸭莲荷美人床,正是以大写意荷花为题材,彰显了在古典家具中所蕴含的"休闲文化"。

姚新峰国画《连年有余》

# 神奇的金丝楠木
## ——参观金丝楠木馆有感

在位于苏州古城区,距古典名园沧浪亭、网师园不远处的竹辉路上,一栋仿宫殿式的华丽建筑进入了人们的视线,一块红底金字的匾额"满江红金丝楠木馆"吸引着众多的参观者。

这栋三千多平米的建筑共四层,馆内展示着各种风格、款式的金丝楠木家具。这些工艺精湛、纹理色泽富贵的家具,彰显出恢宏的皇家气派。

我能身临其境地观赏金丝楠木馆内精美别致的家具,确实大饱眼福。尤其令人叫绝的是,那些金丝楠木透彻澄明的肌理纹色,如云纹、山水纹、波浪纹、刷丝纹、虎皮纹、豹纹等,所构成的天然图案,在不同光线、不同角度的折射下,呈现出一步一景、步移景换的神奇般的幻觉效果。

综合金丝楠木的神奇性,主

金丝楠木馆

要体现在:

一是耐腐。埋在地里可以千年不腐烂,沉在水里甚至经过千年的物化过程,仍不腐烂,依旧保持着漂亮的纹色与香气。所以,皇帝的棺木多采用金丝楠木。

二是防虫。金丝楠木有股特殊的清香气,古书记载其百虫不侵,金丝楠木箱柜存放衣物、书籍、字画可以避虫。现代实验证明,金丝楠木抗腐木菌、白蚁的侵蚀,抗海生钻木动物蛀蚀性也较强。所以,皇家的书箱、书柜喜用金丝楠木。

三是适应气候。使用金丝楠木做的家具,冬天不觉凉,夏天不觉热,又不伤身体,遇到下雨散发阵阵幽香。因此,宫中常用楠木制作床榻。

四是稳定性好。金丝楠木质地温润,细腻通达,不易变形,很少翘裂,由于纹理顺而不易变形,不仅胀缩性小,且硬度中握钉力颇佳。

五是纹色奇特。金丝楠木的纹理与色彩极为漂亮,新切木表面黄中带绿,各种纹理与色调形成的图案,即使不上漆也越用越亮,光照之下发出丝丝金光,但又显得清幽无邪,娴静低调。

金丝楠木的神奇与珍贵决定了它的价值导向。近年来,在民间销声匿迹一百多年的金丝楠木重现江湖,市场价格继海南黄花梨和小叶紫檀之后,一路疯涨。收藏界有"物稀为贵"、"买涨不买跌"的习惯,人们看好金丝楠木稀有资源

金丝楠木十件套

的价值空间。在民间,一对金丝楠木书橱要卖到 60 多万元,甚至连一只金丝楠阴沉木茶海也要卖到几万元。在拍卖市场,一对金丝楠木的顶箱柜拍出了人民币 300 多万元,一张金丝楠木床拍出了人民币 200 多万元。无怪乎,当下一些收藏狂,不惜工本地去寻觅老房子内和河床底下的金丝楠木,甚至到深山老林刨金丝楠树根。

**金丝楠阴沉木茶海**

金丝楠木由于资源和存世量稀少,具有较强的升值空间,尤其是阴沉金丝楠木,历经千年流传,自有它的文物和文化价值。一些不能拥有家具的收藏人士,常设法弄一些小料、根料,甚至边角料,请人定做一只笔筒、茶海、官皮箱、首饰盒,或者直接在市场上购买些书镇、盒子、手串、腰配件之类,以满足喜爱的需求。

金丝楠木制成的家具和工艺品纹色丰富,璀璨如金,具有摄人心魄的吸引力,给人以温馨愉悦的享受。

# 扇　艺
## ——杂论扇子

艺术品收藏颇有点人来风,有时一阵风来了,一个门类就会被炒起来,价格随行就市。人们的心理普遍是买涨不买跌,在涨势中往往会带动一批跟随者,吸引一批发烧友,诱发一批投资者。

近期,我几位朋友都在谈论扇子的收藏,从"扇经"中得知他们对扇子的钟情已到了如痴如醉的程度,这也不免打动了我的心,让我开始对扇子关注起来。

我国扇子的主流是纨扇(团扇)和折扇。历史上早期的扇子,其主要功能是

程宗元《蓬莱雅集》扇面

用于仪仗,以显示统治者的身份和地位。宋代之前的主流是纨扇,而宋代之后则是折扇。随着历史的演进,扇子的用途和功能逐渐扩大。夏日纳凉,扇子是人们生活中生风招凉、遮阳祛暑的用具。在旧时风物的茶馆、茶室里,人们习惯于一把茶壶和一把扇子。一些文人雅士访客,长衫中随带一把折扇,除使用之外,扇子还可作为一张名片来显示身份。在文人雅集时(现今的沙龙),有时拿一把扇子来亮相,有意或无意间显示着各自的品位。

历史上,扇子与戏剧、曲艺、舞蹈艺术密切相联。在各地剧种,如昆剧、京剧、川剧、越剧、粤剧、黄梅戏中,扇子在舞台上的运用已程式化,常用的扇子有折扇、羽扇、芭蕉扇、竹扇、蒲扇,扇子已成为戏曲行当中的道具,不同款式的扇子能表演不同的角色。在曲艺的相声、评弹、评书等艺术表演中,扇子与其缘分深厚,主要功效是用来起角色、代道具、表感情。老一辈评弹艺人对用扇有风趣的描述:"武者扇前胸,文者扇掌心,商贾扇肚腹,走卒扇头顶。"此外,扇子在舞蹈表演中颇有特色,在著名舞蹈《采茶舞》《扇子舞》《春江花月夜》中,婀娜多姿的舞者,手持扇子的动作,令人赏心悦目。

日常人们手持一把扇子开合翻转,看似平常,但扇子又具有较高的艺术价值和丰富的文化内涵。一把扇子的构成主要分扇骨与扇面,折扇的扇骨档数,一般从九档起到四十档,其中十六档为常见。扇骨的材质主要以竹与木为主:竹的种类有玉竹、白竹、棕竹、乌竹、湘妃竹、梅鹿竹、方竹、佛肚竹等;木的种类有紫檀木、檀香木、乌木、沉香木、鸡翅木、黄杨木、楠木、花梨木等。还有骨质类的象牙、兽骨、玳瑁、牛角等。扇骨要达到精致细腻,必经过多道加工程序,如竹料要经过选、煮、晒、劈、烘,像湘妃竹、斑竹还要经过水磨,使其丝纹明晰,色彩斑斓。高档的木料和骨料,要经过抛光、打磨,方显晶莹悦目。扇骨的款式较多,一般依料、纹、色和扇的大小等,分别采用方头、小圆头、大圆头,或是平头、玉兰头、鱼尾头、梅花头、橄榄头、鸭头、云头等。

扇骨加工成形后,雕刻艺术是关键。扇骨雕

庞彦德《湖光山色》团扇

檀香扇《仕女图》

分阴刻与阳刻,通常阴刻的多,阳刻技法较繁复,有时除一般的留、剔之外,还有"留青"、"贴簧"、"沙地"等。扇骨的装饰还用镶贴、镶嵌、漆骨、镂空透雕、烫花等工艺。扇子制作的收尾部分是扇钉与扇坠。扇钉起到画龙点睛作用,扇钉因面积而定,如有的在大骨头部外,将一些圆形、环形等扇钉配以翡翠、白玉或用各色金属材料镶嵌,然后烫钉。扇坠大多用于团扇,作为装饰性附件。扇子成形后,单扇用锦绣、缂丝等做成扇套(袋子),套扇用锦绣、紫檀、黄花梨等材料做成扇盒。

  扇骨是扇子的骨架,扇面是扇子的面子。扇骨有其自身的价值,而扇面则是体现扇子身价的关键。扇面的材质主要有纸和绢两类。折扇大多用连史纸扇面,有的也用色纸扇面、金笺扇面、发笺扇面等。扇面画大多是国画、水墨画,也有用书法的。画的内容一般是山水、人物、花鸟等。传统的扇面正面是画,反面是书法,这样,诗书画印相得益彰,富有诗情画意。

  20世纪80年代,江苏省工艺美术大师徐松元创作的檀香扇《松龄鹤寿》折扇,作品长26cm,展开宽48cm,以空、细、险、雅的拉花技巧,以线刻描绘画面,以透雕展现底纹,而扇骨则以浮雕来表现。在作品的中心位置,浅雕着站在山石上的十只仙鹤,姿态各异,或蜷曲、

扇骨(一)

或伸展,错落有致。该作品画面内容丰富,共透雕孔眼达4500个之多。现北京故宫博物院收藏的唐代《纨扇仕女图》,形象地描绘了古人挥扇、绣扇等生活场景,画面色彩浓艳,主旨突出,被誉为我国绘画与扇子巧妙结合的艺术珍品。

一把具有文化内涵、有收藏价值的扇子,大凡含有名人字画的扇面,上等的扇骨和精湛的工艺。过去,一些名人藏扇,讲究三者兼而有之。其中,有一位名人不得不提,那就是收藏家郑逸梅。他用数十年时间潜心集扇近千把,成为一代"扇王"。他的藏扇不仅面广量大,而且有许多历史名家的精品。

扇子可随身、随时、随地携带欣赏与把玩。扇子用久了,还能把扇面装裱后,放在镜框内展示,也可把扇面装裱后,制成册页。可以想见,这也是人们收藏扇子的原因之一。

近年来,在许多艺术品拍卖中,成扇、片扇成为新宠,并设专场拍卖,场面火爆,受人追捧。2011年上半年,苏州吴门拍卖行一场《扇逸清风》的专场拍卖会,成交率几乎是百分之百,成交额破历史纪录。其中,一把由齐白石画虾、冯恕书法、王木天刻山水图案扇骨的扇子(规格19cm×50cm),起拍价为人民币20万至30万元,最后成交价竟超过人民币50万元。

一把扇子的背后往往具有历史名家、文人雅士和扇子艺术的轶闻逸事。鉴赏佳扇犹如清风拂面,怡情益智。拥有一把扇面字画精绝、扇骨刻工绝伦的佳扇,会令人爱不释手,令人心醉!

扇骨(二)

# 旧时风物
## ——黄杨木雕作品的记忆

　　五年前一个周末的下午,我在苏州文化城一家工艺店内,看到四件生动质朴的黄杨木人物雕件,一时兴起,就一并买下了。这四件作品可分为两个单元:一个单元由《理发》《补鞋》《烘山芋》组成,属民国题材;另一个单元是独件《老工人读书》,属"文革"题材。作品充满了时代的烙印与特征,颇有一番往日的情调。

黄杨木人物雕件《理发》(中)、《补鞋》(左)、《烘山芋》(右)

《理发》《补鞋》《烘山芋》代表了苏南民国时期市井民巷的生活风貌,反映了流散在街头、小巷的服务行业的特点。如当时的理发摊,主要设在民居集中处的路边树底下,若逢下雨,则用油布搭个简易棚,夏日,则打把伞遮遮阳。补鞋匠一般是走街串巷的,有时固定点设在街道旁或菜市场口。烘山芋摊位大多设在街与巷的头尾,或设在闹市口及学校附近。总之,旧时的服务行业五花八门,林林总总,大多集中在人气较旺的街区或弄巷,以便给百姓提供种种服务。

春节前夕是服务行业一年中的高峰期,尤其是理发、洗澡行业生意兴隆,按传统习俗,人们在节前理个发、洗个澡,除旧迎新,图个吉利。还有,一般普通百姓家子女较多的,过节穿不起新衣服、新鞋子,就打上几个补钉,也算是更新换代。除夕夜,一家团聚,能吃上一顿年夜饭,已是很幸福了……回忆旧时风物,让后辈了解在当时社会背景下,平民百姓的一些生活情景,也算是"忆苦思甜"吧。

《老工人读书》是"文革"题材作品,在祖国山河一片红的浪潮中,《毛选》是全国人民必读的经典著作,又是人们工作实践的指南,对于那个时代的很多人来说,《毛选》是随身必带的"宝书"。《老工人读书》这件作品,反映了在抓革命、促生产的年代,这位《毛选》积极分子,在工余时,利用抽烟的片刻,捧读"红宝书",作品形象生动。

黄杨木人物雕件《老工人读书》

几年前,我买了一本由上海人民美术出版社出版的,我国著名连环画家贺友直创作的《贺友直画三百六十行》一书。贺老把上海底层市民生活百态活灵活现地呈现出来,让老人看了有回味感,让小孩看了有新奇感。我想如果能把这本《贺友直画三百六十行》里的连环画,用黄杨木雕的制作工艺,以一个行业一个故事的形式,生动逼真地刻画出来,应该会给人一种别样的感觉。

　　黄杨木,因其色泽悦目、结构坚韧、纹理细密,属最能刻画人物形态的材料之一。明清时期,黄杨木雕已形成了独立的手工艺,并且以其贴近社会的生动造型和刻画人物之形神兼备,而受到人们的喜爱。由于内容题材的雅俗共赏和雕刻技艺的不断提高,黄杨木雕的各类小件、摆设、把玩等,受到市场的青睐。如明清时期的名作《铁拐李》《香山九生图》《岁岁平安》等,在社会流传甚广,享有艺术声誉。现珍藏在苏州工艺美术博物馆的黄杨木雕《五龙嬉玉环》,是由我国第一代工艺木雕大师陆涵生精心制作的,堪称当代黄杨木雕的杰作。他雕刻的《双龙梧桐叶》《荷叶》案头摆件,曾获中国工艺美术"百花奖"。这些作品给人留下深刻的印象,在社会上产生了一定的影响。

　　黄杨木雕这门传统艺术,在经过百年历史后,受到人们的青睐。2011年6月,苏州吴门拍卖行举行了红色回忆专场拍卖,其中黄杨木雕作品《水乡即景》《姐妹田中读毛选》《红灯照我心》《回娘家》等,均取得了较高的拍买记录。这些作品不仅使人们寻回了旧时风物的印记,再现了往日的风土人情,而且突显了黄杨木雕的高超艺术水平,具有一定的投资收藏价值。

# 形制古朴　相得益彰
## ——紫檀与紫砂的气韵

　　紫檀属豆科类的植物,小紫檀主要产地在印度,是制作家具与工艺品的材料之一;紫砂属矿产类资源,主要产地在江苏宜兴,是制作茶壶与工艺品的原料之一。古往今来,一些文人雅士将饱含气韵心神的用具、器皿、工艺品汇于居室,以增加生活趣味,提升文化品位。如在一些公寓、别墅的装饰布局上,设

紫檀木南官帽椅(套)

置一间雅致的小茶室,茶室内放置一套明式紫檀方桌与四把官帽圈椅,桌上放一套紫砂茶具,靠墙处放一张明式紫檀条案,案上放盆山水盆景,墙上挂对用大理石镶嵌的紫檀木屏条,墙角处放件紫檀高脚花几,几上放盆由紫砂盆配置的树桩盆景,人们身临其境,自然会领悟到紫檀家具与紫砂相融的古趣。

紫檀与紫砂缘何有一种形神兼备、形制浑朴、气色雄浑的韵味?主要体现在以下方面:

### 一、材质的独特性

印度小叶紫檀木质坚硬,比重大,强度高,每一块材料的纹理、色泽都不尽相同;木质里含有紫檀素及油胶物质,加上管孔中充满晶亮的硅化物,这些物质的油润度、质地比重等也不相同。紫檀中所含有的蔷薇花香味,遇到湿润的空气会慢慢释放出来,显得尤为高贵。由于紫檀的特质,形成了所制作的家具稳定性好,不易受气候变化的影响,所以它又是宫廷家具的首选材料。此外,紫檀木条在白纸或墙上划痕留有红色,紫檀粉末可用作颜料、色素,中医还可作药用。

宜兴紫砂是颗粒较粗的陶土,属高岭、石英、云母类。紫砂原料中含有丰富的二氧化硅、氧化铝、氧化铁,以及少量的氧化钙、氧化钾、氧化钠、氧化锰等,各种元素在坯体的烧制过程中会产生不同的效果。如白麻子原料中含有较多的氧化铁,在烧制中,温度、湿度的不同,紫砂含铁量的不同等,对坯体的收缩性有不同程度的影响。正宗紫砂壶材质有着优异的理化性能,如朱泥与青灰泥相对含砂量少,宜泡红茶;白麻子与老麻子含砂量多,透气性好,宜泡绿茶。这些特性对茶汤可起到很好的调和作用,能最大限度地发挥出茶叶内的茶香和茶韵,而且有些紫砂胎质中蕴含对人体有益的铁元素,具有保健功能。

### 二、色彩的奇特性

紫红为紫檀的基本色彩,紫檀中的黑色花纹屈曲飞动,极为静穆华丽,可谓鬼斧神工,精美绝伦。紫檀家具时间用得越长,颜色越深,光度越亮,肌理致密凝重。当人们坐在一把年代久远的官帽椅上,手摸着出了包浆的扶把,颇有玉质之感。在光照下,紫檀木似琥珀一样呈半透明,有的还带荧光。紫檀木的纹理特征可分为金星紫檀、牛毛纹紫檀、花梨纹紫檀、鸡血紫檀、豆瓣紫檀等。漂亮的紫檀木纹理似名山大川、行云流水,若制成一套精美的家具,将会显得富丽堂皇;若制成一件精巧的工艺品,则又会让人爱不释手。

紫砂壶的色彩丰富多样。紫砂的颜色除原色外,在制壶时根据需要,可进行泥与泥、泥中掺砂、泥中掺色的调配,从而会形成不同的泥色。在一些泥料中,含有较高的铁、硅等元素矿物质,经高温烧制后,紫砂色彩会变得相当丰富多彩。紫砂壶由于长年累月用于泡茶,茶汁、茶油会逐渐渗透到壶壁,加之用壶者手的抚摸,增加了壶表面的光泽,形成了"包浆"。如白麻子壶,许多茶客仅用一个月,颜色就泛出星星芝麻点,如夜空中的繁星,还能看到砂粒中的铁孔,用久了,握在手中有特殊的肌理质感。这类壶含砂、含铁量高,透气性极好,使用与收藏价值高。又如本山绿泥经长期抚摸,光滑圆润,握在手中温润如玉。

### 三、造型的简练性

明式紫檀家具各部位的有机组合,既简洁明确,合乎力学原理,又十分重视实用与美观。我国著名收藏家王世襄先生在品评明式家具时,概括出"明式家具十六品",他把明式家具分成五组,其中列第一组第一品的就是"简练"。家具的神态主要体现简练朴素,静雅大方,突出线条艺术。在构件之间联结合理,扣合严密,榫子和卯眼起着重要作用。如明式紫檀三屏风独板围子罗汉床,用三块光素独板做围子,只后背一块拼了一窄条,床身为无束腰直立式,素冰盘沿,仅压边线一道,腿足用四根粗大圆材,直落到地。该床制作结构极为简练,构件变化干净利落,形态优美,立体感强,具有简素空灵、线条流畅的表现艺术。

紫檀木南官帽椅(对)

紫砂壶的简练,体现在素上,俗称"光货"。明代是紫砂壶兴旺成熟时期,紫砂壶的设计具有审美的理念,在制壶的造型结构上,具有返璞归真的意境。无论是何种款式,在制作的壶身、壶嘴、壶盖、壶把、壶钮,以及铭文、印章上,整体感与立体感都很强。每个构件的衔接自然流畅,不留痕迹,给人以一气呵成的直感。如明代制壶高手时大彬在制壶上,对泥料、泥色、形制、铭刻等技法匠心独具。收藏于上海博物馆的虚扁壶,是他早期紫砂壶几何形体造型的代表作品,线面屈曲和谐,寓潇洒于纤巧中,形虽扁而气度却刚柔相济,是时壶中的精品。

紫檀家具和紫砂壶的组合使用,相得益彰。紫檀家具为茶文化营造了舒适、优雅、恬静的环境氛围,为人们提供了陶冶生活情趣和修身养心的平台。同时,茶文化为紫檀家具的弘扬与推广打开了窗户,为挖掘紫檀文化的使用价值,起到了推动的作用。

由此,当人们在作书、作画、作诗之余,手握一把温润纯朴的紫砂壶,稳坐在古朴典雅的紫檀官帽椅上,听听、看看京剧、昆剧、评弹等节目,品尝从紫玉金砂中飘散出来的大红袍的浓郁香味,身处此时此景之中,夫复何求!

# 风水轮流转
## ——关注紫光檀家具的升值潜力

20世纪90年代初,在木材市场,东南亚红酸枝、越南黄花梨、缅甸花梨的价格相差无几。十多年后,越南黄花梨的价格涨了20多倍,东南亚红酸枝的价格涨了10多倍,缅甸花梨的价格涨了近5倍。同样,当时大叶紫檀(又称卢氏黑檀)与紫光檀(又称东非黄檀)价格相当。而今,大叶紫檀涨了10多倍,而紫光

紫光檀雕龙屏风·雕龙宝座·雕龙衣架

檀则涨幅很小,处于价格洼地。

市场家具的定价,主要以原料、工艺、款式为依据,原料是基础,原料涨,家具必涨,而工艺和款式的优劣,对其价格的影响关系极大。俗话说:好料+好工+好款=好价格,三者缺一不可。但是,不管是何种材料的家具,原料占据价格的比重,一般都在60%以上。

家具原材料的价格随行就市。当年,我在常熟定制大橱、大床,选用的是缅甸花梨,主要考虑板材多是大料,门是独板,花纹好看,带有清香味,且家具的稳定性好。没想到,如今越南黄花梨的价格要高出10多倍,差价这么大!无非越南黄花梨的花纹与材质更接近海南黄花

**紫光檀竹节满雕古董橱**

梨,可以假乱真。同样,大叶紫檀与紫光檀比较,大叶紫檀的颜色与花纹略胜一筹,而紫光檀的材质密度和稳定性略胜一筹,两者各有千秋。但是,成品家具的差价,大叶紫檀要高出3~5倍。家具原材料的定价,不是绝对的,有时随着市场趋向、专家倾向、消费者偏好,以及资源储量等变化而变化。谓之风水轮流转,三十年河东,三十年河西,亦无不可。

我关注紫光檀的升值潜力,主要鉴于紫光檀的材质是当今红木中气干密度最高,材质坚硬、细密,是其他木材无可比拟的。紫檀木有十檀九空之说,紫光檀的出材率仅20%左右,又是红木中最低的,真是"寸檀寸金"。紫光檀制作的家具,不用上漆,只要用心打磨,就能呈现出金属般的质地和光质,其色泽和触感极似犀牛角,手感触摸滑润,如绸缎,又如小孩的肌肤,光洁可鉴,令人赏心悦目。民间又称之为"帝王之木"。

选用紫光檀材料,适合制作仿明式家具,它可以完美表现挺拔、坚硬的流线

型,展现沉静穆古的时代风韵,更适合制作清式重雕家具,充分体现高端大气、富贵豪华的皇家风格,可与小叶紫檀相媲美。如果选用金丝楠木、花梨樱木、黄金樟木等辅料,镶嵌在紫光檀家具内,做桌面、凳面、靠背等,形成特有的色质反差,可臻古朴高雅之意境。

家具的传承与创新是时代发展的潮流。当年,王世襄大师的得意弟子田家青创作制成了由紫檀木作架几、铁梨木作面板(独板3米长)的裹腿大画案,受到王世襄大师的高度赞许,并为此写了案铭。由此,田式家具受到市场追捧,铁梨木也吃香起来。我想,将来某一天,不知哪位权威人士说句话,也许紫光檀如同"仙股"一样,价格就此反弹。

古为今用,推陈出新。目前,紫光檀材料不仅在家具制作上广泛使用,而且一些辅料配置在工艺品中,如苏绣、宋绣、蜀绣,以及大理石的地屏、台屏、挂屏,也大受青睐。随着紫光檀资源的稀缺,人们对其属性的进一步了解,以及审美观念的不断转变,相信紫光檀的价值潜力会日趋提升。有先见之明者,抓住机遇,会受益无穷。

辑四

# 中华瑰宝
## ——由《世代长寿》谈缂丝艺术

在历代丝绸类传世精品中,缂丝有着举足轻重的历史地位和社会影响。我对缂丝的认识缘于 2010 年的一个秋晚。那晚,我在千年古街平江路上散步,走进一家缂丝专卖店,室内陈列着许多缂丝艺术品。此刻,一幅题为《世代长寿》的仿宋画缂丝台屏,吸引了我的眼球。作品规格:高 51.50cm,宽 28.5cm,画框、底座由紫光檀制成。这幅作品采用的是明缂技法,金丝衬底,质感较强。画面描绘了两只凤凰在硕果满枝的柿子树上喜跃,喻意世代吉祥、长寿。此作品荣获 2008 年度江苏艺博杯工艺美术金奖。出于兴致,我将其揽入了囊中。

自从收藏了这幅缂丝作品后,我对有关介绍缂丝的信息备加关注。最能留下印象的是,一次参观了中国工艺美术大师王金山工作室,并实地观看了几位绣娘的操作,使我对缂丝的制作工序和复杂程度有所了解。那一幅幅具有立体感,又十分灵动的

缂丝《世代长寿》

缂丝作品来之不易,加深了我对缂丝的认识和兴趣。

缂丝是一种以生蚕丝为经线,彩色熟丝为纬线,采用通经断纬的方法织成的平纹织物,纬丝按照预先描绘的图案,不贯通全幅,用多把小梭子按图案色彩分别挖织,使织物上花纹与素地、色与色之间呈现一些断痕,类似刀刻的形象,这就是谓之"通经断纬"的织法。

缂丝通常分为两类:一类是本缂丝,工艺流程有13道工序,质地较为厚实,一般用于制作书画、屏风、唐卡等大幅艺术品,适合于装饰点缀、鉴赏收藏;另一类是明缂丝,工艺流程有16道工序,难度略简于本缂丝,质地柔软、轻盈,适合为皇室制作龙袍的御用材料。

缂丝的特殊技法,相对于其他艺术品,仿制较难,若要复制或造假,成本比其他工艺品要大得多,仅一方巾大小的上等作品,就包含上千种渐进色,需技师耗费数月方可完成。因此,缂丝古有"织中之圣"和"一寸缂丝一寸金"的美誉。

缂丝比其他艺术品能保存,又被称为"千年不坏的艺术织品"。据史料考证,缂丝发明于周代,经汉唐而成熟于宋,到南宋时,缂丝仿制的名人书法、工笔绘画技艺达到了空前的高度。上海博物馆珍藏的南宋《莲塘乳鸭图》高107.5cm,宽108.8cm;北京故宫博物院珍藏的南宋《梅花寒鹊》图轴高89cm,宽35.5cm。明代以后,缂丝技艺进一步得到了创新,缂丝大量使用光泽华丽的金线和孔雀羽线等,色彩丝常用极细的双股强捻丝。著名的画作有辽宁博物馆珍藏的明《牡丹绶带图》,高145.1cm,宽54cm;台北故宫博物院珍藏的明《桃花双鹊图册》,高23cm,宽21cm;南京博物院珍藏的清《瑶台百字祝寿》图轴,高176.5cm,宽90.5cm;北京故宫博物院珍藏的清《三阳开泰》挂屏,高72cm,宽104.5cm……这些中国传统文化的瑰宝,为我们认识缂丝打开了视窗。

缂丝《梅花寒鹊》(南宋)

而今,缂丝作为非物质文化遗产,如何去加以保护与传承,又如何去发展与创新,真正体现其应有的历史地位与艺术价值,值得我们认真思考。现实情况是,缂丝因其技术含量高,工艺流程复杂,工序时间长,通常掌握这门技能需3~5年,缂出一幅好的艺术品需20~30年。由于缂丝所投入的综合成本高,造成了投入与产出的不协调,市场认知度有限,在相当长的时间内,面临后继乏人、青黄不接的现象。

所幸的是,近年来,政府对缂丝采取了保护措施和扶植政策,建立起了一支老、中、青相结合的骨干队伍。国内一些艺术学院把缂丝列入教科书,或作为一门学科来研究。在有些博物馆内,还专门设有介绍缂丝的陈列品。所有这些,都为缂丝的发展营造了良好的环境氛围,使缂丝这一中华瑰宝能重放光彩。

随着人们对缂丝认知度的提高,缂丝也会像刺绣一样,走进生活,走进人们的艺术视野。如果说刺绣是轻盈柔和、五彩缤纷的水彩画,那么,缂丝就是华贵厚重、色彩斑斓的油画。如果说刺绣代表着苏州的一张名片,那么,缂丝则代表着苏州的另一张名片。

绣娘在机上操作

# 精美的艺术
## ——大铜章的鉴赏

现代大铜章的价值,主要体现在作品的文化内涵、艺术表现力、工艺的精美性、作者的知名度,以及发行限量等方面。大铜章题材广泛,有纪念类、庆典类、艺术类、风景类、生肖类、标志类等。每枚大铜章都有着鲜明的主题,在它背后蕴含着可叙述的故事。收藏大铜章,既能品味丰富的文化内涵,又能鉴赏精美的艺术品质,给人以精神上的愉悦和艺术上的享受。主要反映在五个方面。

**在题材中见精美**。好的题材,要有好的创意,设计师对于创作题材的感悟、理解、灵性等,往往会在作品中表现出来。优秀的设计师具有广阔的创作视野,能深刻领会主题的内涵,把握艺术的精髓,创造性地把所要反映的各种元素体现出来,使其成为一件有生命力的艺术精品。

作品《森林》,上海造币有限公司铸造,设计师朱熙华,材

**玛雅文化**

质黄铜,直径80毫米,发行600枚。作品是为迎接2011年联合国国际森林年而创作的。铜章正面图案,是由各种植物构成的森林之鸟,鸟的眼部镶嵌绿色人造水晶。背面图案有大量动植物团聚的圆,象征森林系统的细胞元素是相互交融与叠加构成的,反映了在大自然的环境下,孕育着一代健康的婴儿,寄托了"生命之源,和谐共生"的愿景。该作品设计别具匠心,形制独特,工艺精美,引人入胜,唤起人们对生态保护的共鸣。作品荣获2010年全国硬币设计大赛一等奖。

**在寓意中见精美**。作品《玛雅文化》,上海造币有限公司铸造,设计师朱熙华,材质黄铜,直径80毫米,发行2012枚。铜章正面图案为玛雅金字塔、玛雅人的图腾和错落的玛雅文字等,四周围绕着玛雅人最为崇拜的动物——大蛇图案,底部为玛雅数字2012,背面图案为玛雅文化的象征——太阳历石碑图案。

虎(正面)

人类文明古迹灿若星河,从美洲丛林深处的太阳历石碑到尼罗河畔的埃及金字塔,从两河流域的古巴比伦城到古罗马的竞技场,从古老东方的万里长城到南亚的泰姬陵,无不留下了人类活动的遗迹。玛雅文化开启了世界古文明系列,首枚铜章尤显珍贵。该作品的浮雕高度达到10毫米,创造了目前80毫米铜章的最高浮雕记录,威严神秘的羽蛇神,高高凸起的章面,显得非常醒目,具有强烈的视觉冲击力。作品的外包装设计颇具特色,稳固的金字塔底座造型,揭开了玛雅文化的神秘面纱,充分体现了作者精巧的艺术构思。

**在端庄中见精美**。作品《鲁迅》,上海造币有限公司铸造,设计师罗永辉,材质黄铜,直径80毫米,发行1500枚。铜章正面塑造

虎(反面)

了鲁迅的肖像。他面目沧桑,身着长袍马褂,手夹香烟,嘴唇上蓄富有特征的大胡子,坐在临窗的阁楼。他透过窗户,凝视窗外的花园洋房及街上的车水马龙,思绪万千。铜章背面设计别出心裁,章面上用阴阳交错、大小不同的字体,雕刻了 180 余个鲁迅曾用过的笔名,其中左上部位刻有"鲁迅"高浮雕阳刻行书。铜章下方的阳刻美术体"鲁迅诞辰 130 周年纪念",点出了作品的主题。该章设计巧妙,布局奇特,格调清新,刀法粗犷洗练,人物气质跃然铜章之上。

**在粗犷中见精美**。作品《生肖虎》,上海造币有限公司铸造,设计师罗永辉,材质紫铜,直径 80 毫米,发行 3000 枚。铜章正面图案由整个虎头占踞,虎头虎爪,虎视眈眈,让人面对深邃凶猛的虎眼时,不禁心生畏惧。背面以中文的楷、

鲁迅(正面)

鲁迅(反面)

森林(正面)

森林(反面)

隶、篆、草四种书体文字,并以纹饰图相衬,与正面相呼应。特别是狂草"虎"字,上通天,下入地,威风凛凛,唯我独尊。该作品工艺娴熟精湛,其刀痕粗粝,刀法洗炼,金石韵味十足,凹凸线条间紫铜的金属光泽流动,质感所表现出来的力度颇具刚劲。这枚《生肖虎》迄今在十二生肖的铜章中独占鳌头,无可比及,发行价110元,现已升值至上万元。

**在细腻中见精美**。作品《明四家》《清四王》,上海造币有限公司铸造,由创作团队设计雕刻。这两套铜章属纯手艺制作,材质为紫铜,直径60毫米,发行各2000枚。"明四家"手雕系列铜章,正面图案分别是沈周《报德英华图》、文徵明《千林曳杖图》、唐寅《步溪图》、仇英《桃村草堂图》。在反面图案中镌有一方"艺术珍品"印章。"清四王"手雕系列铜章,正面图案分别是王时敏《山水图》、王鉴《溪云初起图》、王原祁《仿高房山云山图》、王翚《秋树昏鸦图》。反面图案由铁碗、榔头、凿子等手雕工具组成,并在图案上镌有"艺术珍品"字样。

这两套作品以原作山水画为基础,反映大自然的美丽景象。作品刻画了小桥流水、峰峦高耸、丛树幽深、白云飘忽、山间瀑布、掩映老屋、山间小道等景物,使人犹如进入如梦如幻般的世外桃源。上述作品,作者采用薄意浅刻雕的高超技艺,把每幅画意形象生动地表现出来,达到了精美绝伦的艺术效果。

现代大铜章具有集油画、雕塑、板画、国画、书法为一体的综合艺术。鉴赏一枚精美的大铜章,需要人们细致入微、静心入神地去"品"。事实上,在每一枚大铜章的背后,倾注了作者的创作心血,凝聚了作者的艺术智慧,展现了作者的艺术才华,让人鉴赏后真正感受到艺术的魅力。

# 化腐朽为神奇
## ——猛犸牙雕的收藏潜力

在苏州古玩城一家店铺的玻璃柜内,陈设着一件猛犸牙雕《十八罗汉》。我与店主闲聊时得知,此件作品是从福建人手里买来的,因当初进价较高,又是一件残缺不全的牙雕,故一直存放至今。一般不懂行的人是不会问津的,即便是收藏者,若不细看,也会弃之如敝屣。如果这段牙料刚从泥土中挖出,丢在地上,恐怕也没人会捡。我为何冒险去捡它?主要有三方面的考量:

一是历史价值。猛犸也叫长毛象,是生存在亿万年前冰川期的象科动物,现已灭绝。在西伯利亚地区还可见到完整的猛犸遗骸和象牙化石。20 世纪 20 年代初,民间边贸从俄罗斯购进了为数不少的猛犸牙原料,起初不被人看好,仅作为普通的牙料,做做一般的工艺品之类,市场价格较低,甚至不如海象牙。但是,不到十年,一些藏家对它的认知出现了三百六十度的转变。许多能工巧匠用这种独特的原料雕出的精品,无论在市场上,还是在展示会上,人们都对其刮

猛犸牙雕《十八罗汉》

目相看,甚至被许多"老外"争相收购。这其中的奥妙主要是,猛犸牙是亿万年前遗留下来的古物,是不可再生的,原材料做一件少一件,不可多得。

二是艺术价值。猛犸牙是从西伯利亚冰川带的冻土中挖掘出来的,除部分风化外,基本上保持着象牙原有的质地,其硬度、

猛犸牙雕《十八罗汉》(局部)

密度、白润度等方面,不逊色于当代象牙。作品《十八罗汉》,最大的神奇是作者能独具匠心,把一段残缺不全的牙料,从整体的料形、料质、料色上加以把握,用牙料未被风化且牙质最精华的部分作正面,巧妙地构画成十八罗汉图案;作者利用带沧桑感的皮色与洁白细腻的牙料作对比,形成明显的自然反差。高超的雕刻技法,把十八罗汉的表情与神态刻画得惟妙惟肖。

三是收藏价值。这是一件孤品。整段牙料处于半风化状况,带皮质的料形像是扫尾,残缺不全,牙的皮质像是斑驳的老树皮,很难仿制。作品最值得称道的是,作者能不弃残缺,充分利用古老牙料的自然形态,运用现代牙雕技法,雕刻出一件令人折服的艺术品。江苏省工艺美术大师陈忠林先生观赏后给予的评价是:"化废为宝,巧妙构思,工艺精湛,实属佳作。"

近年来,猛犸牙较之非洲象牙的升值率每年以1.5倍的速度增长,而上佳的工艺作品升值幅度则更大。2012年5月,中国工艺美术公司(简称中工美)珍宝馆落户于太湖之滨的光福文化城内,馆内陈列着一根名为《十二金钗图》的猛犸牙雕件,估价为人民币360万元。出此价位主要缘于工艺的精湛,艺术创作的表现力较强。此外,猛犸牙在市场上是允许流通的,人们选购的余地相对较大。况且,猛犸牙的牙质、牙色,又独具明显的特征,且可防伪。

# 紫砂风云
## ——潮起潮落话紫砂

宜兴紫砂市场的发展,历经了兴与衰的几起几落,尤其在确立市场信誉方面经受了多次波折。我印象最深的是在十多年前,当国内掀起"紫砂热"的时候,台湾商人趁机炒作,整个宜兴紫砂市场人气兴旺,紫砂壶也倍受人们的青睐。

然而,当这股"紫砂热"涌入台湾后不久,被台湾某科研机构发现紫砂中含有大量的化学元素。一时新闻媒体连续爆光,岛内一片哗然,紫砂壶被戴上"化工壶"的帽子,许多壶客由钟情到憎恨,由发烧到发怒,一些民间组织聚集起来,举行声势浩大的抗假打假活动,大有"禁毒"之势。

在国内,受此股"台风"影响,也掀起了一波前所未有的打假活动,紫砂壶一时成为"公敌"。之后,政府迅速采取了清理整顿的措施,惩罚了一批假冒伪劣者,才使市场诚信逐步恢复,紫砂市场的地位重新确立。

2010年初,中央电视二台,在《每周质量报告》中,连续跟踪报道了宜兴

徐耀《牛盖壶》

紫砂市场的"化工壶"事件。主因是一些客户在使用紫砂产品中发现有问题,经上海材料研究所检测后证实,在紫砂原料中添加有钡、锰、钴、铬等重金属元素,长期使用会有害人体健康。科学实验报告披露后,一石激起千层浪,各类报刊杂志以不同形式予以曝光,客户投诉犹如雪片一样,一瞬间,紫砂壶的定罪是:陶土加色素。千年的紫砂文化几乎变成了"沙漠文化"。

徐耀《鱼罩壶》

在众压与抵制之下,许多经营紫砂用品的商场、超市纷纷下柜,宜兴的各大紫砂市场进行了清理整顿。这场风波,使宜兴的紫砂行业受到了严重的冲击,同时,也在众多壶友的心理蒙上了"一朝被蛇咬,十年怕井绳"的阴影。据此,我与几位壶友出于对紫砂行业的关心,分别去访问宜兴紫砂世家第三代传人徐可棠先生及子徐耀先生和资深的国家级工艺

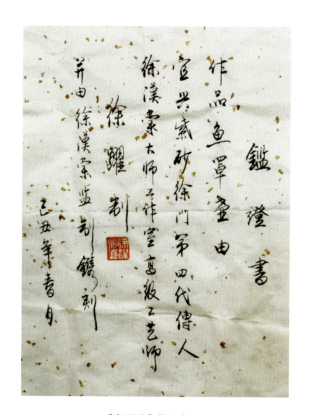

《鱼罩壶》鉴证书

师吴祥大先生。

2010年端午节的前一天上午,我们一行来到我国著名的制壶世家徐家的第三代传人徐可棠先生(徐汉棠、徐秀棠两位大师胞弟)家。徐可棠先生于20世纪80年代中期调紫砂工艺厂研究所工作。90年代初,徐汉棠大师工作室成立,他被聘为高级工艺师。近十年来,徐可棠先生潜心钻研泥条盘艺壶制作技法,创作了一批有特色的盘条壶艺作品,其中,作品《盘条秦權》被比利时皇家博物馆收藏。徐可棠先生家风传代,他不仅壶做得好,而且书法也写得好,许多壶友在收藏壶的同时,也不会错过收藏他的墨宝。

徐可棠先生之子徐耀先生是徐家的第四代传人,从艺二十多年来,在伯父徐汉棠先生的指导下,壶艺日求精进,尽显其独到的传统制壶功力。他创作的紫砂作品《陶韵》《舍得》,荣获2008年中国紫砂工艺作品大奖。我曾收藏了两把徐耀先生制的壶。一把是徐耀先生用清水泥创作的《鱼罩壶》,壶面由徐汉棠大师题写的行草"无极原有极,有仁存至仁",壶盖内有"汉棠监制"的方印。另一把是徐耀先生用老红段泥制成的《牛盖壶》,壶面由徐汉棠大师题写的行书"看庭前花开花落,观天外云展云舒",壶底有"汉棠监制"的方印。这两把壶是用徐门世家的正宗原矿泥制作的,做工秀美细腻,壶身珠圆玉润,几经把玩,润如古玉,光可鉴人,泡茶后回味无穷,令人爱不释手。

《荷塘蛙声》(谭泉海刻,吴祥大制)

徐家是当代中国紫砂世家的杰出代表。徐家的家风是：做壶先做人，人品代表壶品。可棠父子给我留下的印象是：实在、恭谦、豁达。当问起打假事件时，他俩显得很平静，徐耀先生说：作假是道德良心缺失的表现，个别人唯利是图，虽然一时能得利，但是终究要被市场淘汰。我想这是制壶世家的真情感言。

与吴祥大（左）合影

一年之后，我们来到资深的国家级工艺师吴祥大工作室，与他进行面对面的沟通、交流，并参观了他创作的一些作品。吴祥大先生从20世纪70年代起制壶，至今已有四十多年艺龄。在紫砂生涯中，他深谙诸多名师技艺，集各派之所长，勤奋学习，锐意进取。他创作的作品呈显出构思精巧、底蕴深厚。其代表作《孙子兵法》系列，2013年荣获中国工艺美术"百花奖"金奖。他在继承传统风格的基础上，还首创了紫砂壶"抽拉盖"系列、"三孔旋转式"系列，以及用绞泥制作的各种造型别致的花式壶，深得壶友喜爱。

吴祥大《龙凤呈祥》

吴祥大先生为人真诚，技艺精湛，引得了许多名家的信任。中国工艺美术大师谭泉海、著名书画家卢星堂、著名篆刻家黄惇、汪鸣峰等，与他共同合作创作。作品《荷塘蛙声》由吴祥大先生制壶、谭泉海先生陶刻。这只壶型似如一潭泉水，一只青蛙（当作壶纽）活泼可爱的站立在壶盖上。谭泉海先生以娴熟钢劲的刀法刻下了"荷塘蛙声"四个字，并在壶的另一面刻了一幅大写意荷花图。作品道出了"壶"与"字"、"紫砂"与"陶刻"那份情投意合的关系。这种体现生活、追求艺术的强强联手，反映出：壶依艺术而贵重，文化随壶而深远。

当下，在商品经济的壶潮涌动中，部分艺德艺风浅薄浮躁的制壶人、甚至是名人，充满一些物欲、诱惑，或是急功近利。相形之下，象可棠先生父子和吴祥大先生这样的典型代表，为了在继承中创新，使更多的优秀作品问世，他们默默无闻地付出，以致失去了许多牟利的机会，甚至是职称晋升的机会，这种崇高精神是值得称道的。时代需要继承徐门世家的风范，时代更需要有象可棠先生父子和吴祥大先生这样的人才涌现。

2011年10月，中央二台经济栏目，以市场追踪调研的形式，正面报道了宜兴紫砂行业的发展情况，并对原矿泥的储量情况，以及流散在民间的各类原矿泥，进行实地考察和采访，用事实证明了宜兴紫砂业的发展前景。这无疑对提振紫砂商业信誉，起到了积极的作用。

紫砂系列，作为收藏门类中的大户，在国内拥有庞大的收藏群体。在2011年的艺术品拍卖中，北京匡时、杭州西泠等拍卖行，举行了规模空前的紫砂专场拍卖，其拍品的数量、种类、质量都是空前的，成交率均在90%以上。如北京匡时147件紫砂作品总成交额达人民币5604.9万元。其中，何道洪先生创作的《在涵壶》与《松竹梅提梁壶》分别以人民币782万元和人民币770.5万元成交；杭州西泠在紫砂盆专场拍卖中，共200余件拍品，成交率达到100%，其中一件清代堆泥牡丹牙雅石四景海棠盆，以人民币575万元的成交价拔得头筹。在综合艺术品拍卖中，一把由明代时大彬制作的《圈钮壶》拍出了人民币1344万元。香港嘉德一把由当代紫砂艺术泰斗顾景舟制作、国画大师吴湖帆亲笔书画的紫砂壶作品《石瓢壶》拍出了人民币1232万元。

在社会发展中，任何一种商品或艺术品的立足，均要经历许多艰难曲折的过程，紫砂行业也不例外。更何况紫砂壶的制作工艺经过代代相传，已建立了一大批的人才队伍，在社会上营造了浓厚的紫砂文化氛围，这种文化的渗透性、传播性、认同性，越来越被市场所接受，紫砂所蕴含的文化价值和经济价值也日益显现。我们期望能有更多德艺双馨的艺人，创作出具有民族特色、反映时代风貌的优秀作品。

吴祥大《金枝玉叶》

# 时间艺术
## ——漫话钟表收藏

　　著名收藏家马未都先生曾说,每一次收藏热潮的兴起,都与当时的国力和社会环境息息相关。2008年突如其来的世界经济危机,让全球钟表行业领教了中国市场强大的抗风险能力。据世界奢侈品协会的统计显示,截至2009年12月,中国奢侈品消费总额已达94亿美元,占全球的27.5%,成为世界第二大奢侈品消费国。

　　最令老外吃惊的是中国的投资收藏家在观念上的大转变,他们不满足于传统的玩品,敢于走出国门,抓住全球经济危机的机遇。其中,北京、上海、广州等地的一些藏家,趁欧元、英镑汇率大跌之机,纷纷组团走访欧洲,观光旅游与购买名牌钟表兼而有之。如此抢眼的举动,不仅让行将遭遇滑铁卢的钟表业化险为夷,更让许多经营品牌的钟表行,在销售上转危为安,取得了意想不到的业绩。这也促使世界名品钟表商大举登陆中国市场,各大城市

浪琴玫瑰金月相对表

的旗舰店陆续开张,中国钟表市场呈现出异彩纷呈、海纳百川的宏大格局。

俗话说"富人玩钟表"。不少玩了很多年钟表的藏家常会感叹:"钟表这一行深不可测!"像一款特色型的宝玑名表,内部构成达十多个部分,零件达五百多个。在过去手工时代,一块名表要靠制表大师制作近一年,其表的精密程度、技术标准可想而知。

钟表历史悠久,领域很宽,类别繁多,其中有专题钟表、艺术钟表、纪念钟表、功能性钟表,以及古典类钟表等。投资收藏钟表要依据个人的综合情况有所选择。如果是有一定的经济实力,又喜欢追求时尚的人士,可选择具有特色的限量版名表,诸如百达翡丽的 Ref5026、伯爵 POLO 系列、劳力士的水鬼、浪琴名匠系列玫瑰金月相对表等。一些年轻的投资收藏者则喜欢寻找有专门题材的限量表,如纪念奥运会、世界杯足球赛、世博会,或世界某一事件、人物、活动的纪念表等,这些限量表从表壳、表盘、表带到机芯等均刻有记号或名人签字,如欧米茄超霸同轴天文台手表限量编号 09/26,表壳编号 78057389,型号 38863037,附带原装表盒、担保证书和说明书。

还有一些人则喜欢收藏有特点的功能性钟表,如积家台式空气钟,是利用温度的变化,把盛有敏感性气体的密封舱热胀冷缩产生的动力,传递到可以积蓄能量的发条,进而供给内部机械运行之用,这款主机使用寿命较长。又如一款百达翡丽万年历手表,18K 金壳,搭扣,鳄鱼皮带,蓝宝石水晶玻璃,具有时、分、秒、日期、星期、月、世界时间等功能,这类表常人看到很奇特,带在手上风头很劲。

目前,不少欧美青年人喜欢佩戴时尚的运动表。这类表能适应各种运动,如爬山、打网球、赛车、赛艇、潜水等,而且还具有"三防"功能。其中,欧米茄海马系列运动表较流行畅销,如是限量版级,更值得收藏。在投资收藏队伍中,还有相当一部分收藏经历较长、资格较老、经验较丰富的人,则更喜欢收藏古典或怀

积家台式空气钟

旧钟表，如制造于 1890 年左右的法国透明神秘钟，铜质钟壳镶在木制的底座上，上半部是钟的时间指示部分，从外观看，只见到一个透明钟表，从钟的正面完全可以透视到背面，而且从感觉上似乎时、分针悬浮在钟盘之中，只见到两个齿轮，却看不到与指针连接的部分，显得神秘、独特。又如 18 世纪中叶德国生产的皮套钟。还有在英、法、德、瑞士等国生产的各类古董怀表，有些是纯手工打制，有的是专为贵族群体制作，镶嵌有钻石、珠宝等高档材质的限量表。

我国钟表盛行于清朝乾隆时期，广州是国内钟表业最发达的地区，具备了相当大的生产规模，制造了一批

**掐丝珐琅旗杆亭子钟**

有特色的广式钟表，如珐琅广钟是举世闻名的，通常在钟表的表盘外围装饰色彩艳丽的珐琅。它的颜色一般包括黄、绿、蓝等，其上面的纹饰丰富多彩，做工十分精美，故有"广珐琅"之名。当时，南京、苏州也是国内制造钟表的重要基地，如南京生产的由红木镶嵌的钟山钟，苏州生产的摆钟、三套钟，以及 20 世纪 70 年代曾出口转内销的掐丝珐琅旗杆亭子钟等，也颇具特色。

钟表体现了高、精、尖的技术含量，展现了历史文化底蕴。在欧美，钟表收藏早被视为高雅而极具魅力的收藏。改革开放后，我国的收藏队伍不断壮大，收藏门类与日俱增，很多藏品的价格升幅达几十倍，甚至几百倍，唯独钟表门类的投资收藏才开始显现。

当今，随着网络信息渠道的畅通，人们在收藏过程中，自然而然地建立起了一个互通信息、互相交流、取长补短的平台，以便充分运用网络优势，掌握国际钟表业的发展趋向，积极参与国内外各类钟表的展销、拍卖等活动。钟表收藏方兴未艾，大有作为。

# 梅 缘
## ——梅花题材作品谈

画家吴冠中在《说梅》一文中说:"文人咏梅,凡夫俗子也爱梅,梅是中国文化中不可或缺的标志之一。绘画中最通俗的题材梅、兰、竹、菊,被誉为'四君子'。缘于她们都象征着中国传统中高尚的道德品质,梅居其首,是梅的荣誉。"梅因其固有的特质而人见人爱:梅树有傲骨的形体之气,梅枝有形态的变化之美,梅花又有清远的芬芳之雅。

在中国传统画中,以梅花为题材而成名的画家较多,如宋代的马麟、杨无咎,元代的陈立善、王冕,明代的唐寅、刘世儒、陈洪绶,清代的朱耷、石涛、金农、虚谷,近代的齐白石、蒲华、吴昌硕,现代的关山月、何香凝等。

我与梅很有缘,儿时住处附近是公园,每逢梅树开花季节,父母都会带着我们去赏梅,回家时,还会向园农要上几枝含苞欲放的梅枝,插到书房花几的梅瓶中,每当走进书房,便能闻到一股幽幽的清香。记得当时在书房内有一对老红木书橱,橱门上刻有浅浮雕《梅花报春图》,还有一对配有茶几的老红木扶手椅,

余克危水墨画《梅林》

黄自英(右)为作品签名　　　　黄自英的梅花笔筒

椅子靠背有螺钿镶嵌的梅花图。书房的墙上挂着一幅国画家关山月创作的《红梅》印刷品，整个书房的装点，因梅而呈现清新雅致的格调。

我有逛书店和画廊的癖好。一次，我在书店内购买了一本由人民美术出版社出版的《余克危中国画集》，画集以梅花为题材。苏州画家余克危以花卉系列的油画见长，后改画国画，又以画梅见长。他画的水墨梅花别具一格，受人青睐。几年前，苏州市文联为余克危先生举办了一场花卉系列的个展，我约余克危先生的学生一起去观赏，并意外地收藏了一幅水墨画《梅林》，规格为138cm×23cm。这幅画运用了点、线、面结合的技法，在表现茂密的梅林时，枝干部分画得柔中见骨、骨中见柔，水墨的深浅处理得又恰到好处，是梅花系列中的一幅精品。余克危先生的水墨画技法中隐含着油画的味道。正如台湾著名美术评论家李贤文先生所言："余克危的油画中有中国画的笔意，同样，余克危的中国画中融合了西洋画的技巧和风格。"

梅花题材的作品，在陶瓷工艺中也表现得异常活跃。中国陶瓷艺术大师杨丽华，经过十多年的艰辛探索与实践，把吴门画派的花鸟技法融入到瓷器工艺中，创作了许多令人耳目一新的作品。我收藏的一件青花瓷梅花笔筒，画面绕筒身一圈，上下留出空白，梅花错落有致，枝干部分表现得很有骨力，而富有水

杨丽华的青花瓷笔筒

墨韵味的写意技法与青花瓷艺相糅合,颇添新的审美情趣。

在紫砂工艺中,梅花题材的作品,颇显得天独厚的优势。这类作品内外无釉,纹色自然,古雅淳朴,造型多样,且久用而包浆浑厚,格调高雅,书卷气浓厚。由江苏省高级工艺美术师黄自英陶刻的梅花笔筒,采用宜兴黄龙山原矿段泥,外装饰本山绿泥,烧制后,使苍劲的梅花图案和篆体书法相得益彰,方显沉稳庄重、气度不凡的风韵。

梅花题材的作品,在民间工艺的竹木牙角雕中,以苏作紫檀梅花笔筒深得文人雅士喜爱。江苏省高级工艺美术师顾菊忠,以制作小叶紫檀随形梅花笔筒见长。作品大多采用浅浮雕、深浮雕和镂空雕等技法,尽量保留木质自然的原素,如梅树的根瘤、节疤、干枯的空洞等,经巧妙的布局,使笔筒的整体感疏密得当、错落有致。在细节处理上,树桩的苍老与干枯,树枝的根瘤与节疤,枝条的苍劲与挺拔,以及花苞、花朵、花瓣等自然形态,都恰到好处。顾菊忠先生是苏作木雕的代表人物之一,他的许多作品受到著名鉴定专家蔡国声先生的好评。

艺术品收藏品类林林总总,以梅为题材的艺术品,尤能打动我的心,无论是平面的画,还是立体的笔筒;无论是身上挂的"喜上梅梢"玉牌,还是几案上的陶瓷梅瓶;无论是画桌上的一对浅刻梅花书镇,还是家居用的十八件套的梅花瓷器餐具,乃至放在阳台上的梅花树桩盆景……

梅花,已成为我生活中的一部分,融入我的精神世界。

紫檀梅花对杯

# 黄金的时空
## ——浅议金币的投资与收藏

金价在国际交易市场每盎司是以美元计价的,我国的实物黄金和纸黄金交易每克是以人民币计价的。黄金作为收藏品,传统习俗上人们把藏金作为"压箱钱",以防不测;战争年代有"乱世藏黄金"的说法;经济危机年代又有"藏金避风港"的提法。当欧美出现债务危机并由此带来美元贬值和通涨加剧时,俄罗斯、韩国、泰国、墨西哥等国家趁机大量增补黄金的储备,加大外汇储备中的黄金份额,以抵抗经济危机。

我国受世界经济危机的影响,国内股市、债市、基市、房市一蹶不振。然而,危机催生下的黄金投资则呈反向定律:经济萧条,黄金复苏;美元贬值,黄金升值;通涨持续,黄金飚升。一时间,人们把大量的闲散资金转向投入到黄金市场。2011年6月30日,国际金价从每盎司1500美元,至8月23日已历史性地飚升到每盎司1900美元,仅五十多天每盎司就暴涨了400多美元,涨幅达27%,其中7月间黄金出现了四十年来连续11个交易日的最长涨势。

我国是世界上第二大黄金消费国。在这股炒金狂潮面前,国内许多金店的牌价由原先的一天一价,变为一时一价,以至进入"读秒"阶段。一些金店的金条抛售一空,金首饰也成了抢手货。而正当人们兴致勃勃、翘首以盼金价突破每盎司2000美元大关时,8月24日,在毫无征兆的情况下,国际金价风云突变,单日下跌100多美元,创三年来单日跌幅之最。这次大跌不属于经济动荡或突发事件,纯属庄家操纵使然。

金市犹如股市,没有只涨不跌的市场,也没有只赚不赔的投资。当人们狂

金币《梅兰芳》

金币《梁红玉》

金币《闹天宫》

金币《群英会》

热时,一盆冷水方能让人领悟到投资有风险的真谛;当人们坐上"过山车"时,方能铭记理性投资的重要;当人们的投资产品像泡沫一样被蒸发时,方能尝到令人心痛的苦果。

经验教训,往往是在否定之否定的哲理中建立的,失败乃成功之母。

价值投资是一门深奥的学问,任何投资行为,必须作出科学的预测和理性的判断。在这轮"炒金"狂潮中,如何稳健投资、捕捉商机?我认为不妨做到以下几点:

其一,国际黄金交易市场行情如同国内股市行情,受到诸多因素的影响,跌宕起伏属常态,何况国际市场的信息动态难以把握,短期投资,抓对了赢一把,抓错了输一把。又何况国际庄家的背后均是有实力的大公司在支撑与操纵,散户根本无法与之抗衡。

其二,炒实物金(含金首饰)风险相对小些,但经济全球化,国际金价市场必然波及国内市场,两者之间有着"藕丝关系",不可能独善其身。一旦经济形势出现转机,金价便会理性回归,实物金自然就价跌量减。但作为长远投资或日常使用,仍可以时间换空间,有一定的投资价值。

其三,投资金币是最佳选择,也是相对稳健的长线保值增值的投资。在世界金币市场上,我国的熊猫金币是与美国鹰洋金币、南非福格林金币、加拿大枫叶金币、澳大利亚袋鼠金币齐名的五大最负盛名的投资性金币,熊猫金币每年均有新的图案问世,因而被人称为"最具投资与收藏的实物黄金"。

我国发行金币已三十多年,投资者热衷于金币投资的价值回报。尤其是选准了好的题材,赢利几十倍,甚至上百倍不在话下。如20世纪90年代中期发行的1/2和1/4盎司金币《婴戏图》,现价一枚均超过人民币十万元。"三大名著"(《三国演义》《水浒传》《红楼梦》)金银币发行至今,也有不俗的表现。2000年起,我国首发的京剧系列一组《梅兰芳》《梁红玉》《闹天宫》《群英会》彩金币,每枚1/2盎司,发行8000枚,是委托瑞典金币公司铸造的。这组金币相对于现行的市场价,还处在投资洼地。其中,《梁红玉》《群英会》单枚市价人民币在2.2万至2.6万元左右,投资潜力较大。而《梅兰芳》题材新颖、独特,知名度大,现单枚价人民币8万多元。《闹天宫》制作工艺精美,当年被世界金币权威机构评为最佳设计奖,现单枚人民币才3.6万元。这两枚升值空间很大。当然,按其发行年代、发行量、金币比重等要素,奥运、世博、生肖等专项题材的金币也有潜力可挖。

法定金币是由中国人民银行委托中国金币总公司或上海、沈阳造币厂铸造的,有可靠的信誉证书。金币制造含有特殊的高科技,工艺难度高,防伪性能强。许多题材系列金币具有丰富的历史文化内涵,图案设计新颖,色彩亮丽,浅浮雕工艺精湛,具有相当的文化品位和观赏价值。此外,金币体积小,含金量高,易保管、馈赠、流通,抗风险性强。所以,选择权威机构发行的、题材新颖、制作精良、发行量有限的金币,将是长线价值投资的"潜力股"。

# 结 缘
## ——葫芦的玩赏

癸巳年正月初五,下午,我们搭乘朋友的车来到古玩市场。此时,已临近四点,一些摊主正逐一收拾行李离去。我们走到一个靠近树边的摊位,只见摊主在地下铺了一块青底白色纹的花布,上面摆了许多葫芦,树上还挂了两串可爱的葫芦,好似子孙满堂的"福娃"在迎接宾客的到来,极为有趣。我们情不自禁地选了一串长在一根藤上,足有22只形态各异的葫芦串,真是喜出望外。目前,市面上成串葫芦较少。行话说:量多、形好,有品位、有价值。

葫芦喻意"福禄",称为吉祥物。通常北方人玩得较多,按传统习惯每逢节日,人们在家门口挂上一些葫芦,营造起喜事连连、多子多福的氛围。

吴先生,一位来自山东潍坊专营葫芦的商人,通常每逢双休日,他要到古玩市场来摆摊。我自从买了他第一串葫芦后,不经意地与他结下了缘分。之后,凡遇到有新的品种,他总会及时传递信息。

**手挽葫芦**

一次,我在他那里买了一套大、中、小三个鹅形葫芦。这种葫芦俗称"模子葫芦",即把幼小的葫芦纳入设定的模具中,随着葫芦的长大,逐渐填实范模中的空间,待葫芦形成后取出。这套鹅形葫芦形态夸张,鹅身似南瓜瓣形,显得矮墩肥实。鹅脖是长柄葫芦的杆,弯曲延伸,自然引上,藤又如同鹅嘴。我把这套鹅形葫芦放在几案上,显得生动活泼,别有一番情趣。

我与葫芦结缘的时间虽短,但发展势头很快,这或许是受吴先生的引诱吧!没过多久,他又推出了一款勒扎葫芦。

勒扎葫芦,是在葫芦幼小时,制作者用较柔韧的绳索编织成网兜,将网兜套在葫芦的特定部位,从而改变生长的自然形态。这样,当葫芦果实长成之后,就会在表面勒扎出与网兜相同的网状凹痕,如亚葫芦和南瓜葫芦这类。在勒扎葫芦系列中,还有一种较奇特的葫芦叫挽结葫芦,通常分单挽结和双挽结。谓之挽结,是把正在生长中的长颈葫芦的长颈拗曲,用软绳打成结,使其扭曲相交。形成后的葫芦,像是自然长成的,看不出人工扭曲的痕迹。

我把几个单挽结和连藤的双挽结葫芦,分别用红绳、彩带结起来,并配上由手工艺制作的灯笼、粽子、鞭炮等,挂在门前或客厅的墙上,营造出喜气洋洋的氛围。我还设想,把各种挽结葫芦和形态各异的葫芦,与有趣的工艺品吉祥物搭配起来,组成一面文化墙,在彩灯映照下,会有一番民俗风味吧。

结缘,有时还会在不经意中产生。一次,我在一家商铺看把玩件,遇到一位北京玩客。只见他手上拿了一只微型葫芦,正自鸣得意地与店主闲聊这只随身盘带,身价万元的葫芦故事。当时我一愣,心想这种葫芦有什么稀奇,在地摊上不是随处可见吗?拿在手里仔细一品后,我觉得果然与众不同。此葫芦全长不足3厘米,从包浆、色泽上看,像被盘过多年的老核桃,古朴中不乏灵动感。经

**鹅形葫芦**

考证，这种手捻葫芦是万里挑一。选择的标准是：形体小，品相完整，上部有龙头，底部浑圆，脐眼正，葫芦的表皮光滑可鉴，没有外伤或留有阴皮。主要价值体现在把玩的年份上。受之启发，我托吴先生弄了一只廉价的手捻葫芦，时常带在身上。与朋友品茶时，拿出来炫耀一番，颇有意思。

结缘，有时在书本上产生。我对葫芦的认知，更多的是从书本得到的。据资料记载，以模范制匏器在战国时即已出现，明清时制匏工艺大大发展，康熙、乾隆朝达到鼎盛，品类丰富，工艺成熟，由葫芦制成的各种笔筒、花瓶、盖罐、砚盒、鼻烟壶、虫具等工艺品，在清朝的宫廷中达到登峰造极之势。如清宫瓶式以蒜头瓶最为有名，因器形分瓣如大蒜形，瓶颈细而长，下腹浑圆，器身由六道纵向阴文平分为六瓣，每瓣肩部饰有如意纹，腹面有盛开的莲花纹。瓶底亦为六瓣，圈上有阳文楷书"康熙赏玩"款。在王世襄的葫芦系列收藏中，也不乏有文人雅士及社会名流遗留的作品，还有一些是民间特色品种，这些均是极为宝贵的文化遗产，为后人提供了不可多得的鉴赏教材，对传播葫芦文化有着深远的意义。

葫芦是一种天人合一的产物，与葫芦结缘亦是心与物的沟通和交流。

**双挽结葫芦**

# 寻 趣
## ——寻找自己喜欢的事做

时下,随着休闲旅游的日趋兴旺,人们对服饰的打扮,连同所佩戴的挂件、手串一起时兴起来,甚至有人常在随身携带的小包、手机上挂个吉祥物。近期,在苏州历史街区平江路上,开了诸如"串门""偶遇""奇遇奇玉"几家新店,专营各类挂件、手串、把玩件等,还为客户量身定做各类配饰,提供一条龙服务,人头攒动,生意兴隆。

其实,这一行当,我在几年前就看好,原计划退休后,在古街开个店面,之后,顾虑精力和时间搭不够、自由空间有所限制而放弃了,但这一兴趣始终是我

首饰盘

的业余爱好之一。平时，我自备两只小箱，箱内装有各种挂件、手串、把玩件的配件（简称料件），并可随时更新补充。这两箱料件，丰富了我的业务生活，兴趣来了，自己设计几款挂件、手串。久而久之，这自然成了我退休后自我调节、自我寻趣的生活方式之一。

首饰设计是门综合艺术。我的设计纯属随心所欲的"民间版"，但随心所欲而不逾矩。设计佩饰讲究因人而宜、因地而宜、因时而宜、因服饰而宜，要综合考虑人的性别、年龄、身高、肤色、气质、职业、喜好等，还要考虑宗教信仰、民族习性、地区、国籍差异等。各类料件的搭配十分讲究，如少数民族同胞喜欢金、银、琥珀、蜜蜡等，宗教界人士喜欢佛珠、天珠、菩提子等，文艺界人士喜欢翡翠、珊瑚、碧玺等，白领人士喜欢宝石、玉石等，普通人士喜欢木制品、玛瑙、石头等……不同人的习俗、喜好也是相对的，有时因环境和经济条件的变化而变化。此外，每人在选择配饰时，要有定位、目标，不能随波逐流、赶时尚。因为配饰的价位与市场的原材料密切相关。前几年，市场流行南红、白玉、战国红挂件，流行崖柏、橄榄核、黄花梨手串，结果，原料价格下跌，这些饰品的价值就随着缩水。因此，选择各类饰品要把握时机，更要量力而行。

前期，我趁战国红玛瑙、孔雀石和南红料价回落，有选择地吸纳了一些料件，自己设计几款毛衣链和手串。战国红玛瑙色彩、图案、花纹十分丰富，孔雀石图案千变万化，南红色彩艳丽耀眼，这些天然材料与其他配料搭配，融合性、协调性较好，尤其是制作的毛衣链，效果极佳。

我对佩饰的设计，侧重于实用性和趣味性。有时受其他因素启发，有时突发奇想，有时心血来潮，随即拿出箱内的料件，桌上铺块绒布，自摆龙门阵，犹如搭积木、玩魔方一样，享受制作过程，乐在其中。如果过段时间要换花样，可随时拆卸，重新组合。这种随机性和灵活度，为设计的求新、求变、求趣打开了自由想象的空间，也为丰富业余生活寻找到了新的乐趣。

# 两 相 宜
## ——调节生活趣味的火锅收藏

我家大院内,有一位吴先生,他的业余爱好是收藏火锅。一次我到他家玩,只见客厅正对的主墙面,全部被四个装饰橱占满,橱内陈列着五花八门的火锅。吴先生说:"这仅是一部分,还有的储存在阁楼内。"吴先生是位"美食家",提起火锅,他津津乐道地谈论起与餐饮结缘的往事,以及对火锅收藏的感悟。

火锅是人们实用的炊具。火锅的材质有陶、瓷、紫砂、铁、铜、不锈钢等,使用的燃料有木材、碳、油、电、煤、酒精、液化气、丁烷气等。火锅器形的种类大多以圆型为主。收藏火锅,如同收藏其他品类,不同的年代、不同的材质、不同的工艺,其价值不尽相同。但是火锅毕竟是日用器具,属易耗品,占用收藏面积相对较大,故收藏群体小,属收藏门类中的"冷门"。

河南卢氏县文管会内,有一件炉和釜固定在一起的结合器,属汉代陶灶,也就是早期的火锅。该火锅由两部分构成,上为釜,下为炉,釜内有一勺,通体绿釉。釜和灶大小基本相同,釜的造型为敛口,平沿,微鼓腹,圆底。炉为盘口,口沿部伸出三个如獠牙形的支钉,用于支撑釜的腹部。浅鼓折腹,平底,底部有14个圆小孔(进火的通道),其排列有一定的规律,可见汉代陶制器皿工艺的发达。

在历史上,我国山西大同制作的火锅是有名的。通常,火锅的制作有六个部分:底盘、锅身、火座、锅盖、锅筒和小盖。火锅的生产工序有七道:成型、铸造、焊接、镀锡里、錾花、抛光、组装。高档的火锅在底盘、锅身、锅盖上,分别刻有民俗特色的图案。北京的景泰蓝铜火锅(又名铜胎掐丝珐琅)也颇具特色,它是一种瓷铜结合的工艺品。景泰蓝以紫铜作坯,再用金线或铜丝掐成各种花,

绿釉陶火锅　汉代

中充珐琅釉,经烧制、磨光、镀金等工序而形成,这种火锅具有一定的收藏价值。

火锅传承千年,经久不衰。它在饮食文化中占有一定的主导地位。全国著名的老字号火锅店有:北京东来顺、西安老孙家、四川小洞天、天津天一坊等。国内新锐连锁店有:内蒙古小肥羊、重庆老火锅、南京滋奇、上海海底捞等。这些专营店每天人满为患,生意兴隆。人们品尝到各具特色的火锅时,往往赞不绝口,留下深刻的记忆。北京东来顺的涮羊肉最富盛名,主要缘于:一是羊肉好,选用内蒙古集宁的绵羊;二是刀工好,羊肉冰镇后,才由切肉师傅切成薄片;三是调料好,配有各种调料几十种,选择余地大。重庆麻辣火锅的涮料颇有名气,其中有:鲜嫩弹牙的虾滑,味美无骨的龙利鱼,咯吱咯吱的脆鸭掌。这些食料看似貌不惊人,却是独具风骚的"头牌"。贵州风味的酸汤鱼火锅,似乎要小众些,常见的以腊肉、乌江鱼、油豆皮、土豆片等为涮料,其酸汤的味道很有特点。江西、湖南的火锅也颇具地方特色。而今,传统火锅虽然具有一定的市场,但港式、泰式、韩式、日式等火锅也日渐受到青睐。可以说,没有什么菜式比火锅更兼收并蓄、海纳百川了。

在收藏过程中,许多藏品均与个人的兴趣爱好密切联系,并呈一举多得的兼容性、广泛性趋向发展。如收藏玉、翡翠、水晶、琥珀、蜜蜡,可兼佩戴、摆设、把玩等;收藏高档家具,可兼

铜火锅　清代

使用、摆设、观赏。同样,火锅收藏的最大特色是,可以享受"民以食为天"的饮食文化,是一种精神与物质两相宜的结合体。

# 资源共享
## ——从旅游中分享宝物

旅游和文玩收藏,是我的两大爱好。而我的收藏爱好得益于旅游。

人们旅游,每到一地,要关注一下当地的土特产,回家分赠亲朋好友,共享喜悦,而我给自己的土特产,是自己喜欢的各种藏品。

20世纪90年代初,我与朋友去泰山旅游,在门口处,看到一些农民在摆地摊卖彩石。我出于好奇,选了几块,肩上的军挎包一下就塞满了,足有10多公斤重。之后,在泰安市内,看到许多木鱼石专卖店。走进一家店面较大的专卖店,店主滔滔不绝地自我介绍:这是本地的一大特色,全国独一无二。木鱼石具有保健功能,石中含有26种微量元素,用保健杯喝水,能调节新陈代谢,促进血液循环,起到保肝、健胃、抗衰老,防"三高"等功效。广告的魅力是巨大的,令人心动,也令人心醉。于是,我不假思索地买了两套茶具和几只"神杯"。泰山之行也是我迈入收藏的第一步。

旅游伴随着收藏,成了我日后的惯性,去长白山旅游带回一块火山石,去内蒙古旅游带回一块葡萄玛瑙石,去海南旅游带回一块珊瑚,去大理旅游带回一块石板画……收藏过程,如同社会进化,从初级到高级,从量变到质变,收藏的脚步也是在否定之否定中前行的。

旅游与收藏的相融性,随着视野的不断拓宽,显得更为紧密。每次出游做计划时,我都把要收藏的内容纳入进去,做到旅游与收藏两不误,达到资源共享的目的。我们去浙江临安和青田旅游期间,除了观光景点外,由当地朋友安排去工艺名人作坊,选择个人喜欢的鸡血石和青田石。朋友是懂行人,可为你

葛岳纯(右)为作品签名

葛岳纯与阮文辉合作《线圆如意》

在质量、工艺、价格上把关,避免吃亏上当。此行不仅玩得好,还各自收获了几枚鸡血石和青田石印章。

一次应朋友之邀,我们去宜兴玩,我提前请朋友选择三位有潜力的紫砂工艺师。我们到达那天,在朋友陪同下,马不停蹄地分别参观了他们的工作室。最后,凭眼力,我们分别选了三位有代表性的作品各两件,并一起合影留念。晚间,我们与朋友一起到位于竹海的农家乐,共享山珍野味。

不出所料,五年后,我所拜访的三位工艺师,职称均进位了。随着职称的提升,壶价就自然水涨船高。我们实现了预期目标。

同样,朋友来苏州,只要他们对苏州的艺术品有兴趣,我会很诚意地尽地主之谊。20世纪90年代初,一位深圳朋友带女儿来苏州旅游,我陪同他们游玩了园林中的代表虎丘、水乡中的代表周庄、太湖中的代表三山岛。游兴之余,朋友临时提出,欲购买一幅有收藏价值的苏绣作品。于是,我带他们到光福姚建萍工作室。真有缘,那天下午,姚建萍正在工作室带学生,我与她做了介绍后,她陪我们在展示厅浏览,深圳朋友被一幅《花卉》作品所吸引,当即爽快地成交。我为他们合影留念,由父女俩捧着带框的作品各站左右,姚建萍站在中间,颇有纪念意义。

当年姚建萍是省级工艺大师,在新生代中,她属出类拔萃的,人们将其作品视为"潜力股"。几年后,当姚建萍当上国家级工艺大师后,我向朋友报喜,朋友相当激动。作品的升值是一方面,另一方面是,朋友自买了这幅作品后,他家连年有福运,暗合花好月圆的寓意。我也很为他们高兴。

以诚相待,是做人的基本原则。我每到一地旅游、寻宝,均有朋友相助。同样,朋友到苏州,我也将心比心,全力相助。平心而论,旅游的满足感容易实现,而收藏的满足感就因人而异了。通常朋友欲购艺术品之类,我只提建议,不轻易推荐,因为市场行情千变万化,有些玩品,犹如股票,暗浪汹涌,我只能保真,不能保盈。

在此,我也奉劝一些朋友,旅游景点的一些工艺品、艺术品不要随意去买,这些场所的东西往往不是价高,就是容易买到假货。如玛瑙、蜜蜡、琥珀的注色和高温处理,人造水晶,B货翡翠,贴皮鸡血石等。至于玉石中的山料与水料,木料中的海黄与越黄等,更是充斥着水货了。

旅游带动收藏,是在特定的朋友圈内,建立在志同道合、情投意合的基础上,以实现在有计划、有目标的前提下,达到的一种资源共享。

刘剑飞作品《福临门》

与刘剑飞(左)合影

# 时空的记忆
## ——浏览电影海报的遐想

我有一位大学同学喜欢收藏电影海报和杂志创刊号，收藏的主要渠道是古玩市场的旧书摊、废品收购站和电影发行站。当通信网络兴起后，他利用各种淘宝网，扩大了寻宝渠道。在收藏方面，我们时常通过电话、微信进行交流。近期，他要在当地举办一场电影海报和创刊号专题展览，还准备出一本散文集。我为之高兴，也深表祝贺！

收藏电影海报属冷门，早先我也有此欲望，后来放弃了，主要考虑收藏群体小，渠道狭窄，发行量少，保存不便，还带点政治倾向。记得"文革"时期，电影要与意识形态挂钩，海报也不例外，如收藏了一张定性为"毒草"的电影海报，或许会遭来横祸，被列为"牛鬼蛇神"。我的这位同学是改革开放后从事收藏的。

中国电影海报是电影史的载体，具有较高的文化内涵。它反映了一个时代的特征，能唤起人们的

电影海报《年青的一代》

怀旧感。如20世纪50至60年代有《平原游击队》《董存瑞》《51号兵站》《南征北战》《洪湖赤卫队》等,这一时期主要以战争题材为主。60至70年代有《年青的一代》《艳阳天》《金光大道》《青苗》《决裂》,以及由八个样板戏改编拍成的电影,这一时期以"革命"题材为主。80至90年代有《第二次握手》《小花》《庐山恋》《芙蓉镇》等,这一时期以生活题材为主。2000年后有《大红灯笼高高挂》《一生叹息》《手机》等,这一时期以文化娱乐题材为主。从那之后,电影事业蓬勃发展,出现了百花齐放的景象,不仅是国产片,外国影片也大量涌入,给人们营造了一个相对宽松的生活环境。

电影海报是电影的一张"名片",是一部电影的浓缩。一部好的电影会流芳百世,给人留下永恒的记忆,并构成对生活中的许多遐想。当年,在看《地道战》《英雄儿女》《董存瑞》等影片时,生活条件较艰苦,电影大多在露天广场放映。每放映一场电影,往往像赶集一样,人们自带凳子、椅子汇集到露天广场。有的为了占据有利位置,常常提前在场地放上小凳或砖块。一些小孩甚至爬到树上或屋顶上看电影,有的还在银幕的反面看电影。尽管如此,人们自得其乐,与当下在豪华的软包厢里看电影相比,要环保和安全得多。平心而论,当时人们是抱着真切的感情去看电影的,对许多生动的故事情节和像董存瑞、王成、高传宝等英雄形象,留下非常深刻的记忆,确实收到了寓教于乐的效果。

同样,一部低级教条的电影也会遗臭万年,给人留下难以磨灭的印象。70

电影海报《决裂》

年代，极"左"思潮盛行，各单位组织看由八个样板戏改编的电影，以及带有浓厚政治色彩的时兴电影。记得有一部名叫《决裂》的电影曾轰动全国。那张形象高大的电影海报，至今记忆犹新。在影片中，共产主义劳动大学党委书记龙国正抓起江大年的手宣布："这手上的老茧就是资格。"在那讲阶级斗争的时代，以江大年为化身的"劳动者"代表，凭着根正苗红和手上的老茧，交了白卷，也可理直气壮地上大学，而中国知识分子则被丑化成"阿Q"式的人物。这部带有耻辱性的、颠倒历史、混淆是非的影片，已经成为历史的反面典型。

诚然，收藏电影海报，或许是在收藏一个故事，收藏一段历史，收藏一份史料。现今，收藏海报如同收藏古玩，年代越早，价值就越高。在市场上，能收到一张品相完整的电影海报，如《鸡毛信》《五朵金花》《冰山上的来客》《红灯记》等，那属高价值了；而30至50年代的老海报，已成为稀缺品，真是一"报"难求，洛阳纸贵啊！

愿我的同学将海报收藏持之以恒地坚持下去！

电影海报《51号兵站》

# 不一样的感受
## ——上海"民博会"观后感

当下,艺术品市场、古玩市场、拍卖市场很不景气,江南许多工艺特色街,如玉器一条街、刺绣一条街、核雕一条街、奇石一条街,一改往日的热闹与兴旺,变得异常冷清。同样,往日各种名目繁多的艺术展也少了很多。在此大环境下,2017年8月23日至31日,一年一度的上海市第15届民族、民俗、民间工艺博览会(简称"民博会"),在上海图书馆如期举行。本次展会规模大、受众面广,是官办与民办合作联办的典范,在国内外文化界享有一定声誉。"民博会"被誉为上海城市文化的一张名片。

上海"民博会"以"萃取精华,读懂三民"为主题,相对集中地展示了江南地域民间工艺产品的成果,为人们提供了交流与交易的平台,对传承与发扬民族文化、发现新作新秀,推动"三民文化"的产业升级,起到了推动

王新明作品《圆雕罗汉》

作用。

8月26日上午，我与几位收藏爱好者前往展厅参观。走进大厅，首先映入眼帘的是通过电视大屏幕流动展示的200米江南风情的画卷。它是由华东师范大学美术系副主任唐耀光教授，历时20年完成的(2米×200米)巨作，主要记录了20世纪至五六十年代，江南人民的日常生活和风土人情，完整地再现了那个年代江南水乡民俗和民间的井市文化。

"民博会"以江南工韵的江、浙、沪、闽为代表，集中展示江南民间传统工艺代表性作品，通过苏式生活、浙闽匠人、海派风情的精品展示，对话民艺新生活，交流工艺新特色，体现"中国元素"。本次会展，由于受场地限制，参展作品与精品较之往年少些，但总体上达到了展会的效果。参观此展，其中三位民间艺术家的作品给我留下了较深印象。

来自福建仙游的圆雕竹刻艺术家王新明，生于工艺世家，三代从事竹木雕刻，14岁起学木雕，后转学竹雕刻。王新明圆雕题材广泛，尤以道释人物为主，如诵经僧、蒲团僧、狮笠罗汉、达摩等，工艺精湛，兼有创新。他的圆雕竹刻作品，曾引起王世襄大师的关注与肯定，并为其撰文，题写"镂笏居"斋名。王新明所用竹材，名目"笏竹"，产于闽粤，俗称刺竹，有刺而坚，大多实心，易雕刻造型。

庞彦德树叶画

王新明在王世襄大师的极大鼓励下，勤奋钻研，技艺大进，知名度也与日俱增，创作的圆雕竹刻作品深得市场认可。

一位是来自姑苏城内的树叶画家庞彦德。他原先是国画家，之后，独创树叶画，这一转型使他一发不可收。他以各种树叶为材料，经多道工序处理后，以叶代纸，画出了别具一格的园林、山水、花卉等题材的作品。他从小就生活在园林的环境中。虎丘、拙政园、网师园、沧浪亭、狮子林等世遗园林的布局、特点,乃至园内的亭台楼阁,皆了然于心。他善于把"水墨江南"的国画韵味,融入树叶画中。深厚的绘画功底,使他笔下的树叶画,更显多姿多彩,栩栩如生,人见人爱。他是国内树叶画的首创者。

俞柏青作品《故乡》

来自浙江新昌的写意木雕巨匠俞柏青,原先也是国画家,之后改行,从事木雕根艺。他奇思妙想,大胆创新,巧用那千奇百怪的树根形态,进行构思,创作新颖题材。他深入山西太行山,挖掘以崖柏树抱石,结合江南一些古朴的乡村民居,以及田园风光,以写实与写意相交融,大胆创作。作品《老骥伏枥》《童年记忆系列》《守候沧桑系列》等作品,获得了众多的奖项与殊荣,他的作品呈现出浓郁的乡土气息和沉厚的历史沧桑感,受到观众的广泛好评。

艺术来源于生活,又高于生活。"三民"艺术文化,就是要引导民间艺术家,通过深入生活,反映乡土文化、井市文化等丰富多彩的题材,创作出令人耳目一新,具有时代风貌和文化品位的优秀作品。这或许是展会的初衷与期望。

# 黑 旋 风
## ——认知与品鉴黑茶

20世纪70年代中期,许多地方流行用发酵的菌类自制成"红茶菌",作为一种保健饮料,喝了可养身、养颜、养神,据说有神丹妙药的功效。当时,一些人像中了邪似的,在家里用脸盆、木桶、水缸等,自制起"红茶菌",并像"广积粮"一样地囤积。殊不知,这股风没刮多久,很快就停歇了。这缘于人们喝了这种茶,没起到任何功效,纯属是一场被忽悠的"活闹剧"。

三十多年过去了,2007年,一些广东商人大肆炒起云南普洱茶,有的在云南山区包下山头,有的雇用当地茶农采摘收购,有的把茶农家的库存扫空……这股风波一时间遍及全国,使普洱茶的价格炒高了几十倍。然而,当跟风者紧随时,一些茶商早已"一夜暴富",于是急速抛售,使跟风者深受"套牢"之苦。这一炒作套路与当年炒"大红袍"如出一辙,纯属投机。

商品炒作往往呈浪波式,从红茶菌到大红袍,再炒到普洱茶。近日,又轮到炒黑茶了。据传,这波"黑旋风"的风源,主要来自日本和韩国。日本深知黑茶有特殊的保健和养生作用,正潜心破解被称为黑茶之魂的"金花菌"秘方,犹如当年密探景德镇"毛瓷"和安徽"宣纸"的制作秘方一样。韩国政要接受我国赠送的黑茶国礼后,在国内刮起了一股"黑旋风"。2013年10月26日,中央电视台财经频道播放了《老茶之谜》专题报道后,更是起到了推波助澜的作用。

近来,我与朋友在品茶时谈论起黑茶的功效与神奇,其中一位朋友推荐了永泰福和湘益两款最具代表性的黑茶,并拿出几块不同年代生产的样品,把它掰碎后,放到几个玻璃杯内做现场演示。神奇的是,不同年代的黑茶,其色、香、味均不同,泡出的茶色呈金黄色、琥珀色、酒红色、柠檬色等,茶水晶莹透明;泡出的茶味入口甜、润、滑,有厚而不腻、甜中带爽、入口即化的感觉;泡出的香气具有沉香、奇楠香、丁香等老茶陈香风味。更神奇的是,黑茶的抗氧化程度很高,泡出的茶水,隔夜水质仍是清澈的,夏天泡在壶中的茶,一周以上均无霉变和馊味。

为了进一步证明黑茶的特效功能,我朋友还津津乐道地拿出一款1997年生产的"合作牌"茶砖样品,经过20多开的冲泡,茶质滋味醇厚,汤色橙黄明亮,布满金花菌的茶梗乌黑发亮。朋友说:"喝剩的茶放在锅里烧煮后,还可喝上几开,最后的茶渣可放在花盆里做肥料,真是无一浪费。"

黑茶,对许多人来说还是陌生的。这种其貌不扬的黑茶,犹如由糠皮与稻草压成的,喝了是否对身体有害?尽管有朋友的演示,但我仍带着一些问题,做了进一步的考量。

安化黑茶拥有千年悠久历史,从马王堆里,到盛唐的宫廷中,从成吉思汗的马背上,到大明王朝的茶马司及至左宗棠的新疆行营,安化黑茶一直在叙说着中华茶文化的灿烂辉煌。从明至清,茶叶都属于朝廷的"计划供应商品"。湖南黑茶在明代是朝廷的定点生产商品,大部分供给西北等游牧民,故又定为"边销

**传统制作千两花卷茶**

茶"。它一直是我国少数民族地区的生活饮品,有千年的饮用历史。

安化黑茶形成于6亿年前的冰碛岩层上。这种岩层"上者生烂石,中者生砾壤,下者生黄土,土壤风化完全,石砾较多,通透性能好,富含有机质和各种矿物质营养元素"。在安化黑茶生产过程中,要经过杀青、揉捻、渥堆、复揉、干燥等环节。渥堆是构成金花菌的主要环节,它产生的金黄色颗粒,学名叫"冠突散囊菌",是一种安化特有的,对人体非常有益的菌体。

安化黑茶的主要功效有:一是促消化,解油腻,降血脂,降血压,软化血管,预防心血管疾病;二是清热解毒,所谓"牛羊之毒,青稞之热,非茶不解也",能抗氧化,抗辐射,抗癌,延缓衰老;三是维生素含量高,能改善糖类代谢,降血糖,防治糖尿病;四是茶内的香油可以兴奋神经,使疲劳得以恢复。

安化茶叶的特殊功效被广泛认可。1915年,安化黑茶在巴拿马国际博览会上获得最优大奖章;2006年千两茶在第三届国际博览会上获得"特别金质奖章";2010年上海世博会联合国馆评选的中国十大名茶中,安化黑茶作为非文化物质遗产,是黑茶品种中唯一入选的品种。

千两花卷茶和砖茶

黑茶俗称"古董茶",越是年代久远的黑茶,其独特的茶香愈加芬芳,饮用时口感愈加醇厚,黑茶中的"金花"愈加茂盛,营养价值也越高。当下,随着人们保健意识的不断提高,消费理念的不断改变,优质黑茶,尤其是陈年品牌老茶,正以投资品的"新宠儿"进入收藏者的视野。

近年来,安化黑茶在国内举办的茶博会上异军突起,其成交量、成交价的增幅均列首位。日前,广东省的黑茶收藏者就已超过了20万。江浙一带原以绿茶为主打产品,现也逐渐受到黑茶的渗透,市场占有量越来越大。中央电视台《鉴宝》栏目曾对一位陕西茶商存储的一篓1953年前生产的安化生尖茶进行评估,市值高达48万元。故宫博物院存放的一支"千两茶",估价要超过250万元。而20世纪50至60年代出产的砖茶等,均成为收藏中的珍品。70至90年代初的精品黑茶已进入拍卖市场。

当然,事物是一分为二的,任何高档品或是风靡一时的商品,在市场上均会有假冒伪劣现象,而且越是流行的炒作价值高的商品,则假冒商品越多。目前,许多"冠名"黑茶在网上大量行销,即便在产地的黑茶市场,也已出现许多"地下"生产工厂。这些黑茶是用其他茶混合制成,有些是染色的,有些则加入了人工金花菌,有些甚至是有毒的产品。

**系列茯砖茶**

由此,每一门类的投资与收藏,不要只听故事,而是要亲身实践,特别是茶叶这一行,一定要通过品尝,从色、香、味上去鉴别,从品牌、等级、年份上去考证才能确信。要使人们能真正领悟到:黑茶中蕴含着博大精深的中华茶文化,黑茶能起到调节人体功能的保健作用。

# 庭院的空间价值
## ——庭院宝藏一席谈

庭院是别墅的组成部分。在别墅的装潢中,过去许多人往往把卧室、客厅装修得像包厢和宴会厅一样豪华,而把庭院当成是晒晒衣物、养点花草、堆放些杂物的场所。但是,随着人们的生活需求与文化品位的提高,投资与消费意识也在转变。现在人们选购别墅时,要求庭院的占地面积大,对于别墅的装潢趋向简洁、素雅,把更多的关注度放在庭院的规划与建造上。

我有一位朋友,前几年买了一栋闹中取静的别墅,占地一亩多(庭院占地达70%),按现价已增值5倍,其中地价和庭院内的名木古树、古建筑材料的价值要占三分之二。该朋友在建造庭院时,聘请了园林局专家。他对庭院的立意是:布局精巧,结构紧凑,做到"景有尽而意无穷,螺丝壳里做文章"。他在庭院内布局了亭、台、阁、廊和小河、小桥、小道等,选择四季有常绿、四季有花开的植物,使整个景观布置得高低错落、小中见大,充分显示庭院的视觉效果,彰显出苏式园林的风韵。

长廊

庭院一景

该朋友对古典园林的追求到了如痴如醉的境地,要求庭院的建造全部使用古建筑材料,如楼宇、亭子、回廊所用的柱、梁、门、窗、砖、瓦等材料,都是从清末民初的老房子上拆下的旧料,连石桥和小堤岸堆掇的太湖石和院中的假山均是从老宅中移植过来的。庭院内摆放的石台、石凳、石条、金砖、井栏圈,以及回廊墙上的砖碑是明清时期留下的"老古董"。庭院内种植了三棵百年以上的黄杨树、金桂树和红枫树。在通往别墅后院的靠墙处还种了一排珍贵的方竹。整个庭园营造得可圈可点。优美的庭院给人们带来生活的享受,在庭院内玩赏树桩与水石盆景别有一番雅趣;在庭院内养鱼与养鸟别有一番情调;在庭院内品茶下棋别有一番悠闲。

吴江静思园主人陈金根先生是一位具有远见卓识的收藏家。早年在苏州古城改造时期,他抓住契机,将一些古民居拆下的建筑材料,如楠木梁柱、梁架、牛腿、琴枋、斗拱、船篷轩、荷包梁等,日积月累地收藏起来,为日后建造静思园的厅堂派了大用场。此外,园中有几座古门楼,就是从外地买下后移植到静思园内的。这些完好无损的门楼,不乏有砖雕、石雕的精美图案。陈金根先生的行为,与令人痛心疾首的"文革"时期的"破四旧",形成了明显的反差,引起人们的深思。

苏州的园林、古街、古桥、古塔、古寺等一批世代遗传的文物能保存至今,正是有了一批从事文物保护的忠诚者。从一定意义上说,保护是为了收藏,而收藏是为了更好地保护。这或许是一种文化价值观。

# 把玩手串

## ——手串面面观

手串,源于串珠与手镯的串饰品。可供做手串的材料不计其数。通常,手串按木质分类,有黄花梨、紫檀、酸枝、鸡枝、檀香、沉香等;按牙骨,牛、羊角分类,有象牙、犀牛、牦牛、羚羊等;按宝石分类,有玉石、翡翠、水晶、碧玺等,而每一类细分还可派生出诸多种类。

佩戴手串是中国传统文化中的一种习俗,是人们生活中的一种兴趣爱好,也是人们追求时尚的一种象征。佩戴手串也与社会背景、时代文化有着一定的关系。"文革"时期,几乎是看不见人们戴手串的;如果一旦看到,就要扣上封、资、修的帽子,甚至佩戴者会遭受批斗。而今,在宽松的社会氛围下,人们可自得其乐、自由自在地戴起各类喜欢的手串。或许老板喜爱戴宝石类、玉雕类、牙角雕类的高档手串,以显身价;文人雅士喜爱戴黄花梨、紫檀、沉香等木质类的手串,以显文静、儒雅;宗

**各类手串**

教人士喜爱戴莲花菩提籽、天珠类手串,以取意消灾、避难、保佑吉祥;而更多的人则随心所欲地佩戴其喜欢的水晶、琥珀、蜜腊、核雕等手串。简言之,各层面的爱好者对佩戴和把玩手串的兴趣越来越浓厚。主要表现为:

一是玩花样。把玩手串所选择的材质、款式、颜色等,依据个人需求而定。如清宫旧藏珊瑚十八子手串,珊瑚珠上雕出双喜字,翠结、翠结珠、翠佛头和佛头塔,下系珊瑚杵上连着双喜字的翠背云,末端一边一个翠喜坠角。现时人们玩手串时,将菩提子、念珠、天珠等相类似的材质珠粒串在一起,很有花样;有的把各类菩提子串在一起,中间用紫檀小珠隔开,很有特色;有的把和田籽料或南红原料串成手串,颇有原生态味道;有的把108粒长珠既当挂串,又绕上几圈当手串,可谓一举两得;还有爱时髦的女士,手上换戴几串不同花样的手串,以显示美感与亮丽。

檀香雕《十八锣汉》

和田玉雕《八仙》

二是玩品位。许多人在佩戴手串时,讲究选择讨口彩、有品位的串珠或是护身符。如碧玺,五光十色,晶莹通透,鲜艳夺目,令人心旷神怡。其中,绿碧玺象征着财富之光,并能让人心情愉快,和气生财;红碧玺表达爱意,容易招来美妙的爱情、理想的伴侣。又如水晶,黑发晶可消除障碍,排除病气;钛晶能提升

核雕《十八罗汉》

胆识,带来好运。还有些橄榄核、紫檀木等材质制成的手串,经常把玩,色泽越发深红,容易出"包浆",久而久之被盘玩得"包浆"锃亮,润泽无比。人们佩戴手串,从一定意义上说是代表了一种趣味文化,并能调节生活情调,陶冶情操。如当人们在散步、乘车、看电视时,盘玩起心爱的手串,会有一种自在安乐、气定神闲的感觉。

三是玩保健。许多人选择能带保健的手串把玩,如犀牛角、沉香、檀香木、碧玺等。犀牛角质素内含碳酸钙、磷酸钙、酪氨酸等多种成分,具有清热解毒、安神降血压、润养筋络、舒展关节的功效。碧玺串珠是最适宜女性佩戴的,它的保健功能是畅通血气,有助于心脏与血液循环。同时,可对新陈代谢及腺体产生影响,从而有效地消除压力、疲倦,改善身体健康。许多女士戴了碧玺串珠,显得精神焕发,极具青春气息。沉香自古就是一种重要药材,有降气除燥、暖肾养脾、顺和制逆、纳气助阳等功效。檀香也是一种重要药材,有理气和胃、改善睡眠和心智等功效,檀香手串显得素雅,带在身上会散发出一阵阵幽雅淡香,沁人心脾,令人神往,是佛教推崇的材质之一。

四是玩名头。一些富足或有眼力的收藏爱好者,选择有升值空间的贵重材料,如海南黄花梨、印度老山檀香、紫檀、亚洲象牙、犀牛角、新疆和田玉等,并聘请名人制作有特色题材的手串雕件,如江苏省工艺美术大师陈忠林的印度老山檀香木雕《十八罗汉》和中国非物质文化遗产项目核雕传人宋水官创作的核雕《十八罗汉》等。这样,既实用,又体现身价,还能保值增值。这些手串戴在手上,不亚于一款名牌服装或一块名表。

# 泥土的艺术
## ——泥塑收藏遐想

泥塑是现代雕塑类艺术的老祖宗。距今两千多年的苏州汉代墓葬中就出现泥胎捏塑,经火焙烧的工艺陶俑,面部表情淳朴敦厚,手足粗壮,端庄稳重,生动质朴。苏州在唐代曾涌现出以杨惠之为代表的许多泥塑名人。苏州的神佛塑像,最具典型的是甪直保圣寺和东山紫金庵中的罗汉群塑像。明清时期,虎丘、山塘一带是制卖泥人的集散之地,各类泥塑品名目繁多,市场十分兴旺。清末民初战乱不断,经济不景气,泥塑业逐渐衰落。解放后,一组以阶级斗争教育为题材的群雕泥塑《收租院》和一组以创业教育为题材的群雕泥塑《石油会战》,给我留下了深刻的记忆。近年,随着红色之旅的兴起,我参观了广西白色起义纪念馆、遵义会议纪念馆、徐州淮海战役纪念馆,这些以中国革命与战争为题材的大型雕塑,形象生动,造型逼真,气势磅礴,令人叹服!

现今,随着美化城市的需要,各类形式不同的雕塑走进了公园、广场、宾馆、博物馆等,有的甚至作为旅游工艺

彩绘仿古木雕《紫金庵看修门罗汉》

泥塑《童娃背缸》

品走进家庭。虽然,这些雕塑的材质,由过去的泥质改为石膏、铜质、铁质等,但其制作方法均起源于泥塑。一次,我去江苏省工艺美术大师陈忠林工作室,他正在为常熟沙家浜旅游景区创作一组《沙家浜》英雄人物的群雕。只见桌上摆满了用泥胚打样的各种造型,准备交由厂方按比例放大后,采用铜质材料铸制。通常,他创作的人物雕像大多先以泥塑为样本,而后再按不同的材质,一丝不苟、严谨扎实地雕刻而成。

我收藏的一件由陈忠林大师创作的沉香木雕《达摩》,也是先用泥捏成胚样后,在一根沉香木上按比例采用立雕、透雕、镂空雕等技法制作而成的。该作品线条流畅,造型逼真,刀法简练,古朴典雅,具有收藏价值。其实,鲜为人知的是,陈大师最拿手的绝活是彩绘仿古木雕,现今已很少有人涉足这项传统工艺。它是以泥塑造型为本源,按比例在木料上雕刻后,用特殊的颜料彩绘而成。陈大师曾为修复被列为国家级文物的东山紫金庵十八罗汉作出过贡献。在《中国江苏省美术工艺精品集》中,他的彩绘仿古木雕《紫金庵看修门罗汉》和《思维菩萨》,是依据泥塑造型创作的。作品古彩作旧,香熏积尘,彩漆斑驳,陈旧残损,犹如千年传世古物。他的作品多次获得全国大奖,并被国家工艺美术馆收藏。

泥塑创作是不拘一格的,各种造型可自由发挥,想象空间广阔无比。过去,无锡惠山的手捏泥塑,造型独特,生动活泼,憨态可掬,在江南一带被称为"趣味艺术",深得大众喜爱。

2010年,第三届中国民间手工艺艺术节在苏州举行,来自全国六十余种民间手工艺精品齐聚,争奇斗艳。其中,山东淄博艺人司书胜先生的泥塑作品尤为吸引眼球,作品《童娃背瓷缸》,是用泥捏成后烧制的。作品中的童娃肩扛大瓷缸,仰头望着,像在练武或是耍杂技。娃娃脸部形神俏皮,口中露出了两颗大虎牙,光头中留了一撮黑发,犹如足球明星罗纳尔多的"瓦半头",身穿小马夹,露出了肚脐眼,下穿一条大肥裤,光着熊爪般奇大的脚。整幅作品造型夸张,形象质朴,俏皮生动,憨态可掬,妙趣横生,令人拍案叫绝!

市场是验证艺术品的晴雨表,艺术品收藏的价值,在一定意义上反映出市场对其作品的公认度和关注度。说来也巧,在艺术节展出后不久,我去一家星级宾馆就餐,走进豪华的大厅,看见在正墙面的八个装饰窗口内,展现出一组类似于司书胜作品风格的泥塑人物。大厅的装潢格调与这组泥塑形成了细腻中见粗犷、静态中见豪放、常态中见神奇的视觉艺术效果。

泥塑,过去被视为街头、地摊上的玩物,难登大雅之堂。如今,泥塑登堂入室,转变了人们的常态思维,使人们有一种返璞归真的视觉感,让人们闻到了原汁原味的乡土气息。这种另类感,或许是人们看惯了当代艺术作品的雷同化,而产生了视觉疲劳,从而对夸张、朴实的泥塑作品颇感新奇。

我想,收藏也是一个学习与认识的过程,通过收藏一件艺术作品,不仅可触类旁通,得到许多启发,而且能够拓宽艺术视野,丰富人生阅历。这些收获或许要超出收藏本身。

泥塑《制作金砖》

# 冰火两重天
## ——理性看待文玩市场的变化

文玩的投资与收藏,如同选股一样,把握时机十分重要。当下,许多文玩价格与原材料价格密切相关,原材料的涨跌,成了文玩涨跌的晴雨表,起伏不定。但是,无论市场如何变化,准确把握好时机,是价值投资的明智之举。

目前,整个文玩市场一片萧条,死气沉沉,严重程度远超"金融危机"和"非典"时期,一些经营不善者无奈关门,或是削价处理。当我与几位工艺师作交流时,他们的脸上也露出一副愁眉不展的神态,心中闷闷不乐,唉声叹气地说:"现原材料在下跌,人工在上涨,生意难做啊!我们手艺人还能撑撑,靠开门面赚差价就难了。"同样,一些艺术品市场专区和艺术品拍卖行,也出现了空前的冷清,许多地方性拍卖行今不如昔,人气的冷清,跌到了冰点。最令人忧虑的是,这波下跌行情,还深不见底。

回顾往日市场火热时的景象,炒木制系列的海南黄花梨、越南黄花梨、小叶紫檀、大叶紫檀、大红酸枝等,炒宝玉石系列的白玉、翡翠、红蓝宝石、南红等,甚至炒茶叶系列的大红袍、普洱茶、黑茶等,各类物品一轮又一轮、一波又一波地疯狂炒作。印象中,近十多年,海南与越南黄花梨涨了几十倍,高档和田玉与翡翠涨了上百倍,甚至原属黄蜡石的黄龙玉和原属玛瑙的南红,一时炒到天价。原料的上涨,拉动了文玩市场的需求。一些经营翡翠、玉器和木制工艺品的商人,从广东、福建等地进货后,发烧友们早早就焦急地等候了,犹如炒房一样的疯狂。同样,一些有名头的雕件作品被争相预订,人们把价格推到了高位。此时,假冒名家的"代工品",原材料的"替代品",也盛行一时,"食利者"恰逢其时地大把捞钱,到了不可一世的地步。

天有不测风云,从热火朝天到冷若冰霜,从大把赚钱到大把亏钱,从令利之昏到深刻反思,这一百八十度的急转弯,造成一些人的心理变态与扭曲。他们不仅蒙受了较大的经济损失,而且带来了心灵上的巨创。

文玩的投资与收藏不同于普通的商品,它偏重于实践中的知识积累与运用,还要结合个人的喜好、特长、经济条件等。在机会把握上,要明确目标和方向,要以理性的平常心,审时度势地判断市场行情,把握有利时机。

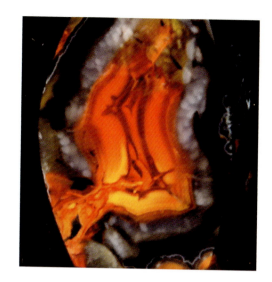

战国红玛瑙《冰与火》(局部)

一般地说,当市场狂热时,你的心理要变冷,出手要谨慎,切忌跟风、赶时尚,或有贪欲,否则,会吃亏、套牢。恰恰此时,正是出货的好时机。投资收藏,宁要一件精品,不要百件杂品。物以稀为贵,留着精品、摒弃杂品是上策。

当市场萧条时,你的心理要变热。此时,要善于抓机会,该下手的就要下手。如20世纪七八十年代,许多名人字画、古典家具市场价位很低,一些有识之士低位吸纳,到了90年代后期,价位"暴涨"。如今,在市场萧条时,应挖掘和吸纳有潜力的中青年艺术家的作品,以及处于价格洼地的名人名作。还可吸纳受原材料下跌,或受资金影响,一些人急于出手的藏品和高档原材料。机会不是等出来的,而是找来的。当别人害怕时、观望时,该出手的就出手。这就是投资机会,这就是市场规律。

总之,在文玩市场的投资与收藏中,出现成败和得失都是正常的,关键是在瞬息万变的市场中,要有淡定的心态和平常心,精准地把握投资节点,降低投资失误的概率,不能重复犯错。切记,市场是自由买卖的,主动权始终掌握在你手中。

# 乱　　象
## ——艺术品市场一瞥

本文所指的乱象，是指在艺术品市场的拍卖、鉴定、交易等活动中，有违于行为规范、道德准则、市场秩序，而采取的假冒伪劣、欺世盗名、损人利己等非理性的行为。这种行为在一定程度上，将成为一种或明或暗的潜规则，危害于社会。

1993年，轰动全国乃至海外华人圈的拍卖假画案便是一例。当年10月27日，上海画店朵云轩与香港永成拍卖公司，联合举办中国近代字画及古画拍卖会，事前印出的目录中有两幅冒名画家吴冠中先生的伪作，其中有一幅为《毛泽东肖像"炮打司令部——我的一张大字报"》。当时，吴冠中先生看了目录后很惊讶，他从来没画过这类题材的画，有人竟然冒名用伟人像行骗。随即，他通过文化部艺术市场管理局，正式通知朵云轩，要

古玩市场一景

求撤下伪作。但是，拍卖行一意孤行，为了迎合委托人的利益，竟然以52.8万港币将此画拍卖成交，创下本次拍卖的最高价。一怒之下，吴冠中先生将朵云轩与香港永成拍卖行告上法庭。

这场官司造成的社会影响巨大，正如海外报纸所言：这是利用人们迎接毛泽东诞辰将届一百周年的热潮，不择手段地牟取暴利，揭穿了伪画交易的丑恶本质。

2011年9月，全国多家新闻媒体爆料"助纣为虐"的古董鉴定案。2009年9月，原华尔森集团董事局主席兼总裁、中国富豪排行榜之一的谢荣根，利用虚假证明文件，骗取银行贷款人民币6.7亿，其中人民币5.5亿无法归还。当时，银行在放贷前调查时，发现该企业有经营方面的问题。谁知，谢荣根拿出了两件用零散玉片穿起来的"玉衣"，谓之"文物""金缕玉衣"、"银缕玉衣"，又亮出了以某权威为领衔、由五位国家级专家鉴定的价值人民币24亿元的评估报告。银行信以为真，有这么高昂价值的文物作保证，也就放贷了。

令人吃惊的是，在没有任何线索和依据的情况下，谢荣根竟敢蒙骗五位鉴定专家，而这五位利欲熏心的昏聩专家竟连玻璃柜门都没打开，仅在外面转了几圈看看，就一锤定音，给出人民币24亿的评估价，并在评估报告上签了字，尔后得到了一笔可观的鉴定费。这种不负责任的行为，丧失了起码的职业道德和良知，从而让谢荣根轻而易举地获取了骗贷的筹码。

鉴定与拍卖是一条流水线上的两个环节。按理，进入拍卖行的各类艺

《谁在拍卖中国》等书影

品，应有一套制度和流程，要经过严格的鉴定把关，这犹如物流入关要经过商检，单位进人要经过"面试"一样。现在，各地博物馆、文物商店一般都配有专职的鉴定师，这是为国有资产把关的重要措施，至于外聘或业余走穴，则多半要靠天良了。而拍卖行是股份制企业，大部分鉴定师是业余的，凡各种渠道进入的拍品，由他们说了算。定价权由委托人与拍卖行协商，如拍卖行把关不严，或直接与委托人、竞买人达成某种默契，那就鱼龙混杂，贻害无穷了。

现在，市场上各类资质证书、鉴定证书、职称证书的发放，准入门槛较低，审批把关不严，使一些从事艺术品行业的机构和人士，凭借各种头衔进行商业操作，造成艺术品市场管理的乱象。上述两例典型事件，仅是冰山一角罢了，而艺术品市场的其他乱象也渐欲迷人眼，试举如下：

**假拍现象** 形式与手法：一是制造虚假广告，哄抬名人名作；二是制造虚假成交量、成交额，提升知名度，扩大社会影响，以其将成交作品作抵押贷款后进行投资理财；三是卖方、买方和拍卖行进行三方合谋，制造"天价"作品，产生"轰动"效应，为下一轮拍卖筑高底价打下伏笔。

**伪品现象** 2010年6月，北京九歌国际拍卖有限公司在春拍中，以人民币7280万元的价格，拍出名为《人体蒋碧薇女士》的徐悲鸿油画，并配发有其长子徐伯阳所出示的"背书"和与此画的合影，以证明"真迹"。一年后，中央美院油画系首届研修班的十名学生联名指出，这幅画是当年他们研修班的习作。百家讲坛主讲《写实徐悲鸿》的学者吕立新先生说道：徐悲鸿先生的油画，现存世量不到100幅，多数在纪念馆，流散在民间的很少。难怪，著名画家陈丹青先生发出感慨：近年来赝品层出不穷，至今，已发现不少于24幅冒充他的假画。当前，在艺术品市场的无序竞争下，一些拍卖会上的伪品屡见不鲜，连有些不够资质的拍卖行，也高举起名人名作的大旗来蒙骗善良的"盲人"。

**代工现象** 当今，许多艺人流行冠名"某某工作室"，如有大师职称的，则在姓名后冠上"大师"称号，一块金字招牌挂在店门上方，身价倍增，颇具欺骗性。这些艺人经营意识很强，有的还很前卫。他们每年的克隆作品或代工作品产量、产值很高，效益丰厚，一件作品价位在几千上万元，甚至几十万元。前期，曾披露过一位紫砂大师，对外声称一年仅做几把壶，实际流在市场的壶有几百把，并配有本人签名证书。人们戏称这位大师一辈子不用做壶，完全可享清福了。

这些躲在作坊背后的"枪手"为其"代工品"赢得了高额利润。从良心上讲，"代工品"是备受指责的，但查处无法可依，因为作品的设计、印款均是本人的，成品又经其验收。故此,商品交易的价格如何去体现价值？只有买者去领悟与评判了。

**复制现象**　在艺术门类中,木版画、石版画、铜版画的出售,均标明画名、年代、编号(数量)、作者签名,国外画廊还会出具公证机构的限量证明书。而我国许多版画作品的发行量,是随行就市,批量发行,于是有了"印钞机"的美名。此外,有些传统风格的国画家,一生绘画很专注,选择的题材要么画动物,要么画仕女。而这些冠名为"画王"的,在其笔下,同一幅题材的画,一天可画几十张,这似乎是手工复制的流水操作,与过去摆地摊的卖艺人如出一辙。正如画家吴冠中先生痛批的:"这种程式化的笔墨,价值等于零。"

凡此,艺术品市场因管理失控所引发的各种乱象,已是司空见惯了。这相比于食品、药品市场的管理乱象,仅是小巫见大巫。人们甚至会说:食品、药品市场的乱象会致人命,社会危害极大;而艺术品市场的乱象,则是雾里看花,普通百姓是进不了圈内的。无怪乎,有人问画家范曾先生:为什么画价这么贵？范曾先生直言:"内靠贪官,外靠土匪。"此话耐人寻味。

综上所述,要整治乱象病根,使艺术品市场得到康复,恐怕要假以时日和耐心,更要靠良心和法律。

# 走　眼
## ——从收藏失误中清醒

股市没神仙。这一定律是人们从变幻莫测的股市中悟出的真谛。同样,艺术品收藏也没有"常胜将军",在收藏过程中难免要经历一些艰难曲折,甚至有失误的教训。而这些教训往往是一本活生生的教材,令人难忘。其中,我也有过走眼失误的往事。

**假石充原石**　2002年,我去南京开会,入住一家星级酒店,晚饭后到酒店商场部浏览,在一处博古架上,摆满了各类艺术品,其中一块精美的奇石吸引了我的眼球。该奇石为田黄色,满工浅浮雕山水图案,标价为人民币1800元,经协商,以人民币880元成交。可是,在这一吉利数字的背后,却隐含着不吉利的"晦气"。这块足有五十多斤重的石头拿回家后,把它放到红木花几上,自感添

走眼

色不少。殊不知,第二天邀请朋友来赏石,其中一位内行的朋友一看,就判定为假石。我当时"一愣",凭我的眼力怎么会买块假石?经朋友一点拨,才知此石是用粉压出后,借助机具雕刻的,用刀轻轻一刻,白粉就显露出了破绽。据说,该商场的展位是外人承包经营的,故也

就罢了,真可谓打掉牙往肚里咽。

**假泥充真泥** 宜兴紫砂壶市场,被各类混杂的泥料围困了多年,人们期待有正规的检测机构,对紫砂壶的泥料进行检验,使壶友能买到放心的原矿泥紫砂壶。但是,盼了几年没结果,客户仍凭经验、凭感觉去买壶,有点"盲人摸象"的味道。2010年秋季,宜兴市场推出了一批正宗黄龙山原矿泥紫砂壶。于是,我与几位壶友专程去宜兴"淘壶"。一家冠名为"正宗紫砂壶"的专卖店里,摆满了各式紫砂壶,一位姓张的店主有板有眼地介绍起各类"原矿壶"的特点,还现场作了选壶、用壶、养壶的示范。我的心为他那"三寸不烂之舌"所打动,于是选了清水泥《井栏壶》、本山绿泥《掇球壶》、段泥《牛盖壶》各一把,平均每把人民币1500元,配有收藏证书。回家后,请紫砂壶收藏高手用高倍放大镜一看,并用开水一浇,确认这些壶是用浙江长兴泥调和制成的,简称为"调砂",全是"机制壶"。按市场价,三把壶约值人民币600元左右。这下"吃药"了,好在自求心理平衡,比起买到"化工壶"来,还算是走运的。

**越黄充海黄** 2011年,在苏州古玩城福建人开设的摊位上,我买了一件器型较大的海南黄花梨雕件《布袋和尚》。这件作品属根部料,雕工、材质、纹色、油性均好。拿回家后,放在装饰柜里,显得很有神韵。一次,一位木雕大师到我家来做客,我"献宝"似地把它放在茶桌上。没想到,不到五分钟,这位大师便火眼金睛般地断定,这一雕件为越南黄花梨,并从质、纹、色、味等方面逐一阐述。这下子,我被他说晕了,心里很郁闷。我想:有关黄花梨的书籍曾看过几本,实物也看过不少,怎能看走眼呢?结果,这位大师通过切片闻味、拿火烧看烟雾等方法,以事实说服了我。越南黄花梨与海南黄花梨的市场比价,要相差近十倍。这可是哑巴吃黄连,有苦说不出。

**走眼的机会** 收藏有句口头禅:过了这个村,没这个店。难忘的"非典"时期,这场瘟疫,不仅给人们的精神带来恐惧、给健康带来伤害,而且给整个消费品市场带来冷落。而对投资收藏者来说,这是千载难逢的"淘宝"良机。一次,我受朋友之邀去浙江临安,朋友陪我去看鸡血石。在一家店内,我看中了一对牛角冻鸡血印章,质地细腻,纹路清晰,黑底牛角冻中蕴含条状鸡血,美中不足的是血色不那么艳丽,结果因价格偏高,没有成交。想来,这对牛角冻印章,现在拍卖图录上相类似的,估价要高出原有那对印章的三十倍以上,真是遗憾!还有一次,也在"非典"时期,在石友那里看到一块巨型黄腊石,足有一吨多重。该石呈金黄色,质地透润,山形状,兼具太湖石的"四大"特点。大块黄腊石,造型非常好,难得一见,店主开价人民币 6 万元。我为此三次请园林局朋友去考证,只因犹豫不决,没下手。过几天,这块黄腊石以人民币 10 万元的价格,被一位北京石友买走。太遗憾了!

投资收藏充满着喜、怒、哀、乐。每当收藏到一件称心如意的藏品时,不由喜上眉梢,沉浸在喜悦之中;每当收藏到一件假冒物品时,不由火从中生,怒发冲冠;每当收藏到一件分文不值的东西时,不由唉声叹气,郁闷不已;每当收藏到一件价值连城的珍品时,不由自鸣得意,其乐无穷。

收藏中充满挑战与机遇、成功与失败,收藏过程中"走眼"属正常现象,关键是如何从"走眼"中吸取教训,化教训为经验。常言道:"有比较才有鉴别。"比较是防止或避免"走眼"的一个重要环节,其最好的方法是做到"五勤",即勤走、勤看、勤问、勤听、勤动脑,并在此基础上落实好"五比",即比真伪、比价格、比品质、比工艺、比远见。

**比真伪** 防止收藏假货,是藏家坚守的底线。现代的高仿技术和相似自然物种的存在,一些人便意欲通过假冒伪劣手法,发不义之财,把高仿青瓷做旧后充当老货,把越南黄花梨冒充海南黄花梨,把化工泥壶冒充原矿紫砂壶,把石头充当玉等。这就需要我们认真比对,或请专家鉴定,或借助专门的仪器进行

古玩市场一景

检测。

**比价格**　通过比价,挤掉水分,这是常态。在一家古玩城内或是一条古街上,类似相同的物品,不同的铺位,其定价是不尽相同的,有时差额达10%以上;同一幅作品,在不同的拍卖行或拍卖地点,拍出的价格也不尽相同。据此,要多借鉴国内外艺术品行情信息和历届艺术品拍卖的资料、图录,以及权威人士撰写的分析报告等,为了解当期和远期的行情,摸索性价比的一些规律,提供帮助。

**比品质**　品质的高低,在藏品中占有重要分量。从一定意义上说,画讲究品相,瓷器讲究发色,玉讲究白度与润度,翡翠讲究种头、水头、色质,海南黄花梨讲究纹色或带有鬼脸,小叶紫檀讲究带有金星牛毛纹。在同类艺术品中,质地的差异会明显拉开档次。俗话说:"一分价格一分货。"就是这个道理。

**比工艺**　外行看热闹,内行看门道。艺术水平的高低,直接反映出藏品的身价,若把两件相同题材的玉雕或牙雕件作比较,不同的工艺就表现出不同的艺术水准,一比较就显露无疑。有些犀牛角或象牙雕件,粗看感觉差距不大,细看或用放大镜一看,就会发现差之千里。

**比远见**　鉴赏要具备广博的知识、丰富的经验、超前的眼光。世界著名画家凡高,当他在世时,作品无人问津。我国著名画家陆俨少、李可染的早期作品,人们也不去问津。而当他们过世后,作品的价格迅速升温,令人始料不及。大连万达集团玥宝斋主人郭庆祥是位具有远见卓识的藏家,早在20世纪八九十年代,他就通过各种渠道收藏著名画家吴冠中的作品。而今,吴冠中先生的艺术成就举世公认,作品的价值也就不言而喻了。

作家董桥曾感言:"收藏是我们用自己的眼睛去发现生命中真正有价值的东西。"言下之意,收藏是要用眼力去鉴赏有价值的东西,用眼力去挖掘生命中的宝藏。收藏过程是一个审美的过程,是深思熟虑的过程,也是知识与经验综合运用的过程。高明的收藏家,可比作一把标准的尺、一杆精准的秤、一把锋利的刀、一双犀利的透视眼,别人看不懂、看不清、看不见的东西,却被高明的收藏家看明白了。

收藏是综合素质在文化与经济领域里的体现。藏品的高低、优劣、雅俗要以作品来说话。现代一些玉雕、木雕、角雕的优秀作品,无论在风格的创新,还是在技艺的表现手法方面,都要超越前人。而且,这些后起之秀的作品极具收藏潜力,且保真度又高。所以,我们在收藏过程中,要切忌盲目跟风,克服"唯古是取",或一味追求"名人名作"的旧观念。

# 委卖与交换
## ——投资收藏中的一种方式

藏品多了,不免会带来烦恼:占用资金,占用地方,占用时间。同时,收藏到了一定程度,眼光高了,眼界开了,容易喜新厌旧,需去粗取精。解决这种烦恼的途径,最好是在朋友圈内作委卖与交换。

委卖,是寻找开店的朋友,或委托拍卖行和圈内朋友将部分藏品销售掉。委托开店朋友,稳定性、机动性、安全性相对要好些。委卖,首先要找准对象,找知根知底、诚信度高、有行业经验,并能处理复杂情况的朋友。委卖的东西,要适销对路,符合市场行情,不能把假货、僵死转不动的东西去委托售卖。

委卖的要义是能保本保息,或有盈余,或略有亏损,快速变现。在此基础上,与朋友协商定价。定价,要给朋友留有盈利空间,不能满打满算,还要考虑其他因素。一旦定价,就全权委托,充分信任朋友,哪怕这件东西卖出高价,其高于定价部分,应归朋友所得,这是人家的本

黄金耀《童子议和》

事。成交后皆大欢喜,你还要请朋友小酌一番,或送份礼物,这是人之常情。千万不能有嫉妒心理。此外,市场千变万化,有时定价也应随行就市,不能一成不变,在行情萧条时,打折、削价甚至割肉,也有必要,这是一种策略。不能因循守旧,思想僵化。委卖的宗旨是:友好协商,快速变现,互利共赢。

交换,是同行之间一种物物交换的行为。原始时代,就有斧头换羊皮的先例;在外交上,也有石油换大米、石油换军火的事例;在人才市场上,也有异地人才互换、资源互补的实例。藏品的物物交换,是一种取长补短、取新补缺、优势互补、升级换代、各得其所的共享过程。圈内交换,诚信为本、知人善鉴是前提。圈内人,许多是身经百战的"人精",与他们打交道,需要加倍留神、用心,讲究谋略和战法。有时,一件好东西,以十换一,甚至吃亏也值,换的是潜在价值。物物交换,又似艺术品拍卖,是打心理战和考验智力、眼力、胆识的博弈过程。

在艺术品投资与收藏中,委卖与交换是一种常见的形态,只要双方本着互信合作的良好心态,就可实现双方的良好愿望,达到互利共赢的目的;对活跃艺术品市场,能起到推波助澜的作用。

沉香木雕《达摩》

# 读书指引方向
## ——投资与收藏需知识助力

如果说，单位办公室是我工作的第一要地，那么，家庭书房始终是我学习、充实自己的重要基地。

平时，我的业余生活较充实，其中，文玩鉴赏与收藏占去了业余时间的近一半。书房内四个书柜，文玩类书籍与文玩小器占一半之多。我的书房具有多功能性，利用率较高，集阅读、写作、书画、鉴赏、休闲、会客为一体，故书斋号"汇雅轩"。

我对书房是至爱的。2012年8月，我因运动不慎摔断了腿骨，在市内一家医院做了微创手术。当时，该技术属试行阶段，而我的伤情并不严重，但经院方引导，我也就言听计从了。殊不知，微创带来的痛苦是非常大的，大腿内一块固定的钢片要比炮弹片还厚，三根钢钉要比"五四式"手枪子弹还长，另还附加三根螺丝。两年后，手术取出，放在电子秤上一过，足有四两重，经济上的损失

书房

是当年四两金价的一半。经济付出且不谈,问题是,微创手术后,我的左大腿肿了一个多月,真是内忧外患啊!

在这苦难时期,书房帮了大忙,成了我的慰藉之所。在家养伤,排忧解闷,最好的疗效是阅读和写作。有人说:愤怒出诗人。我是苦闷出了本书。

我撰写的《定慧发微——收藏与品评》一书,大部分书稿是我在养伤期间写成的。写书的方式是:构思在床上,执笔、查阅在书房。勤奋忘我的写作,犹如吃了镇痛片,消除了心中的忧虑和痛苦。日后,朋友调侃,没有那一跤,哪有这本书。

书房是知识的宝库,书本是最好的老师。平时,我对艺术品鉴赏的研究,大多在书房。书本知识伴随我日积月累,不断拓宽视野,提高鉴赏水平。在实际运用中,看到市场上一件心仪的东西,多观察,不急于买,回家进书房查阅相关资料,行话是:先做功课,再下手,以防吃亏上当。收藏时有诱惑,难免心动就下手了。反过来,查阅相关书籍,作进一步考证,就好比亡羊补牢,有时也有去粗取精的好处。收藏还有启发性,在与朋友交流时,或见到几件亮眼的实物时,回家后,在书房内寻找相类似的图录作比较,翻阅资料作考证,从中领悟普遍性和规律性。除古董外,许多文玩,无论是木质类、矿产类,一般论价的基础是原料

书　房

加工艺。原料犹如风向标,它是动态的,应及时把握信息。工艺或造型,完全凭眼力。收藏的保值与增值,以我之见,不可再生的稀有资源,如翡翠、和田玉、碧玺和其他宝石,应是首选,而那些具有创新能力,且技术娴熟的年轻手艺人,或许是"潜力股"。

总之,鉴赏与收藏过程,是不断学习与实践的过程,信息与高科技时代,更需知识来支撑。我的心得是:知识是营养液,需在实践中不断地补充;知识是加油站,需不断为你前行加油助力;知识是镇定剂,当你出现浮躁和冲动时,可为你修正轨迹,调整心态。

# 后 记

  苏州是有着两千五百多年历史的古城。在历史上,苏州的民间手工艺曾拥有占全国半壁江山的重要地位,最具代表性的有苏绣、缂丝、苏扇、玉雕、木雕、核雕、砖雕、桃花坞木刻、明式家具,涌现出绘画的"明四家",玉雕的陆子冈,苏绣的韩希孟,制砚的顾二娘,治扇的李昭、马勋,治铜炉的胡四等人物。

  江南园林甲天下,苏州园林甲江南。园林是集富与藏富的象征,是经济与文化的综合体现。苏州有着众多的世界文化遗产,造就了一大批非物质文化遗产的传人。当今,苏州经济的繁荣与发展,极大地推动了文化产业的发展,一大批颇具特色的文化名城、名街、名坊、名馆应运而生,如中国光福文化工艺城、中国美协胥口基地、中国蠡口家具城、中国蠡口珠宝城、中国苏州玉器城、苏州桃花坞大师坊、苏州东渚苏绣一条街、苏州锦溪博物馆之乡等。中华人民共和国成立后,特别是近几年,苏州博物馆、美术馆、艺术馆、名人馆、丝绸博物馆、园林博物馆和以主题命名的生肖邮票博物馆、古城墙博物馆、状元文化博物馆、过云楼博物馆、苏州大运河遗产博物馆,以及以个人命名的国立颜文樑纪念馆、吴作人艺术馆、杭鸣时粉画艺术馆相继建立。各个私人美术馆、收藏馆、画廊等,以及一大批收藏爱好者,又如雨后春笋般地涌现。这股文化热能和精神力量,在推动苏州经济发展中起着巨大的作用。

生活在苏州这片肥沃的文化土壤里，我深切感受到文化内容之丰富、人文环境之宽松、文化气息之浓厚，从而激起我对艺术品收藏与鉴赏的热爱。通过几年的积累，我把收藏中的一些往事记录下来，汇编了这本《定慧发微——收藏与品评》一书。本书共分四辑：第一辑叙述在书画、玉雕、瓷器、摄影等领域内，一些艺术家的创作经历与创作成果；第二辑谈谈对宝石玉收藏的一点浅见；第三辑阐述对木制类艺术品的收藏与鉴赏；第四辑评述杂项类的收藏，以及对艺术品市场的一些看法。

收藏门类林林总总，收藏门道深不可测，收藏知识学无止境。原本想通过收藏，多收录、记载些活生生的故事，加深些理论与实务方面的研究，但由于水平有限，仅是星星点点、草草不恭地写了点感悟。所幸的是，在我出书的彷徨时刻，德高望重的资深学者杨镜如先生，给了我信心与力量，并亲笔为我题写书名和作序，许伟亮先生为该书摄制了大量的图录。为此，一并表示衷心的感谢！同时，在我收藏过程中，得到过圈内外朋友的热情相助，在此也深表谢意！

俞恭定<br>壬辰年秋日于汇雅轩<br>己酉年冬日修改